ホノルル日系人の歴史地理

飯田耕二郎 著
Kojiro Iida

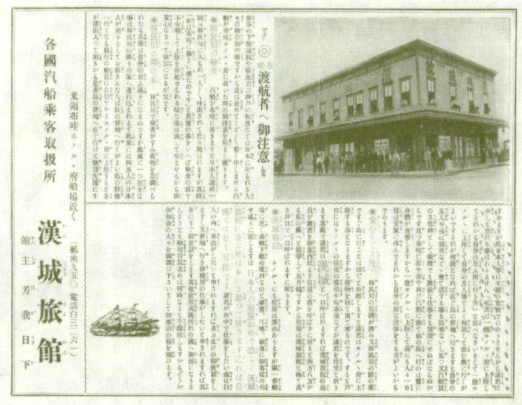

ナカニシヤ出版

まえがき

1．研究の意義

　本書は同じナカニシヤ出版から10年前に出版した『ハワイ日系人の歴史地理』の続編をなすものである。前書においてはハワイ全体についての分析であったため、中心都市ホノルルにおける日系人についての考察は不十分であった。そのことが著者にとって気がかりだったので、その後いくつかのテーマについて分析を試みることにした。

　まず第2次大戦前の米国国勢調査（U. S. Census）を利用してホノルル市内における日系人の居住区ごとの人口分布、および職業構成の特色を分析し、全体のエスニック構成における日系人の位置づけを行った。次に日系人の中心商店街であったアアラ地区と新しい日本人町を形成していったモイリリ地区、および近郊農業地区であったマノア地区を取り上げて、それぞれ戦前の日系人の様相を当時の地図や住所録、人名録、あるいは新聞記事などを利用して明らかにした。さらに日本人が独占していたと思われる漁業の発展の過程について追跡し、それと関連して漁業に多数が従事した山口県沖家室島の出身者についてもその居住の実態を分析した。また官約移民当初より日本人移民に重要な役割を果たしてきた旅館の変遷を詳細に調べ、最後に日系人の重要な居住空間であったホノルル市内の館府（キャンプ）について、その実態を明らかにした。

　前書も可能なかぎり地図や表を使ってわかりやすくしたが、さらに本書では前書ではほとんどできなかった写真や商店の広告などを活用して、古い時代や現在の様子を視覚的に理解できるように試みた。とくに古い写真はかなり時代を経たものが多いため鮮明さに欠けるものがあるが、この点はお許しいただきたい。

　残された資料を利用してできるかぎり正確な日系人の歩んだ歴史を後世に

伝えることは、この道の研究者にとっての使命であり、本を出版することはその時々に必死に生きた人々へのささやかな謝意を示す一つの手段と考える。もちろん内容的に不十分なところも多々あるが、あえて出版しようと思ったのは、これまで資料を提供していただいた人達にいくらかでも約束事を果たし、これを研究の区切りとして次の段階に進むためである。

2．資料紹介

　使用した資料については、本文中や各章末の注のところに挙げたが、あらかじめ主なものをまとめて紹介したい。歴史地理的研究のなかでとくに重要な役割を果たす古い地図については、まず武居熱血の『ホノル、繁昌記』(1911年)を利用した。これはホノルルの各地域における日本人の各種商店や家屋の分布を示す地図であるが、ここではアアラ地区（第2章）やモイリリ地区（第3章）、あるいはマノア地区（第4章）において用いた。これは前書で利用した『布哇一覧』と同様に、必ずしも正確な地図とはいえないが、この時期には他に類書がまったくなく貴重な史料といえる。また、正確な地図としては、アメリカ合衆国の FIRE INSURANCE MAP（火災保険地図）があり、ハワイでも数年ごとに作成されたようで、土地の区画や建物の形状などは正確であるが、おもな建物や商店の名前しか記載がなく、一般の商店については当時の住所録で照合する必要がある。作業量の調整のため、ここではアアラ地区についてのみ1914年と1927年のものを利用した。両年度の地図を比較して街の変化の様子を実感できればと思う。また日本人が発行したホノルル全体図は『最新布哇案内』(1920年)の付図がある。これも当時としては貴重な地図と思われ、主な日本人関係の施設、旅館、料亭などの場所が明記されている。本書では第7章で旅館・料理屋の分布図、および第8章の館府・貸ルームの所在地を示すベースマップに利用した。その他、地区ごとに残された数少ない古い地図を活用した。

　年鑑類については、まず1909年の『布哇實業案内』、そして1910年から20年までは布哇新報社から発行された『布哇日本人年鑑』と1927年から41年までは日布時事社発行の『日布時事布哇年鑑』が有用であった。それぞれ

の巻末の住所録を用いて、館府・貸ルームの所在地（第8章）や商店の住所（第2章）を確認したり、モイリリ地区やマノア地区における居住者の職業構成や出身地を分析した。また住所録以外にも漁業統計なども利用した。

　人名鑑では、全体にわたり『布哇日本人銘鑑』（1927年）を参照した。ほかに『大日本海外移住民史　第一編　布哇』（1937年）や山口県出身者については『防長人士発展鑑』（1936年）、浄土宗信者については『殿堂記念・洋上の光』（1934年）（とくに第6章）などを利用した。

　新聞記事は、ハワイで発行された日本語新聞の『日布時事』および『布哇報知』、また『EAST-WEST JOURNAL』におけるジャック・Y・タサカの特集記事がある。このうちとくに『日布時事』の1922年9月から11月にかけて連載された「地方訪問記（地方巡廻記）」は、ホノルル市内の日本人集住地について詳しく報告しており貴重な記録である。このうちモイリリ地区（第3章）、マノア地区（第4章）、マキキからパラマ地区（第8章）に関する記事を紹介した。

　写真帖では、古くは『布哇写真帖』（1910年）というのがあるが、本書では『布哇日本人発展写真帖』（1916年）を主に用い、『布哇紹介写真帖』（1929年）の漁業関係の部分もそのまま利用した。また、広告については、『最新布哇案内』（1920年）、『布哇同胞発展回顧誌』（1921年）、『日布時事布哇年鑑』（複数年）、『官約日本移民布哇渡航五十年記念誌』（1935年）、『布哇日本人実業紹介誌』（1941年）、『ハワイ事情』（1954年）などに掲載された広告を利用した。

3．本書の構成

　第1章では、多民族社会であるハワイの中心都市ホノルルにおいて、まず全体のエスニック構成の変容を概観し、次に居住地と職業構成に関してエスニックごとの特色を米国国勢調査（1910〜40年）にもとに分析を試みる。これによりホノルルにおける日系人の居住地および職業構成上の位置づけを示唆する。

　第2章では、第2次大戦前のハワイにおける日本人の中心街ともいうべきアアラ地区の日本人商店の分布をいくつかの残された地図で確認し、主な商

店主の履歴についても人名鑑などで明らかにする。

　第3章では、ホノルルのなかで唯一、日本人町の面影を残していると思われるモイリリ地区の発展の様子や人物について、新聞記事や住所録、あるいは地図などを用いて明らかにする。

　第4章の、モイリリ地区の山側にあたるマノア地区は、いわゆるホノルルの近郊農業地区であったが、戦前の日系人の生活の様子を当時のいくつかの資料を利用して明らかにする。

　第5章では、戦前のハワイにおいて日系人が独占していたといわれる漁業について、どのようにして中心地のホノルルで発展していったかをさまざまな資料にもとづき、関連の職業も含めて考察する。

　第6章では、前章の日本人漁業と関連して山口県沖家室島の出身者がホノルルのとくにカカアコ地区を中心に居住し、主に漁業に関連する職業に就いたことについて、いくつかの資料にもとづき分析する。

　第7章では、ハワイの日系人の間でもっとも早くから存在し日本人社会に大きく貢献した日本人旅館について、草創期から現在に至るまでの変遷を明らかにし、その時々に応じた役割について考察する。

　第8章では、これまでほとんど取り上げられることのなかったホノルルの日本人館府（キャンプ）について、その分布および居住者や持主の職業などを当時の地図や新聞記事、住所録などを用いて明らかにする。

　以上の各章の内容はここ数年にわたって書きためたホノルルの日系人をテーマとする次の論文をもとにした。しかしいずれも、もとの文章に大幅な加筆、訂正を加えている。

初出一覧

第1章：「ホノルルにおけるエスニック構成とその変容――米国国勢調査（1910～40年）をもとに」（山下清海編『現代のエスニック社会を探る――理論からフィールドへ』（学文社、2011年）

第2章：「ホノルル市アアラ地区における戦前の日本人街」（『大阪商業大学商業史博物館紀要』第11号、2010年）

第3章：「ホノルル市モイリリ地区における戦前の日本人町」（『大阪商業大

学商業史博物館紀要』第 12 号、2011 年）
第 4 章：「ホノルル市の近郊農業地区マノアにおける戦前の日本人」（『大阪
　　　商業大学商業史博物館紀要』第 13 号、2012 年）
第 5 章：「ホノルル市における戦前の日本人漁業」（『大阪商業大学商業史博
　　　物館紀要』第 10 号、2009 年）
第 6 章：「ホノルル在住の山口県沖家室島出身者」（『アジア社会におけるグ
　　　ローバル経済と文化変容——平成 22～23 年度大阪商業大学比較地
　　　域研究所研究プロジェクト報告集』2012 年）
第 7 章：「ホノルルにおける日本人旅館の変遷（一）・（二）」（『大阪商業大学
　　　商業史博物館紀要』第 8・9 号、2007・2008 年）
第 8 章：未発表。

　今後さらに、ワイキキの日本人、養豚業・レストラン業、自動車立場など、今回できなかったホノルルにおける日系人を特色づけると思われるいくつかのトピックについて、研究を続け成果を出したいと考えている。

目　次

まえがき　*i*

第1章　エスニック構成とその内容
　　　　　――米国国勢調査（1910～40年）をもとに――　　*3*
1．米国国勢調査（U. S. Census）における特徴　*3*
　　①エスニックおよび職業における分類　*3*
　　②全体的なエスニック構成の変容　*4*
2．居住地の特色とその変容　*4*
3．職業構成の特色　*10*
4．おわりに　*17*

第2章　アアラ地区における日本人街　*19*
1．地区の概要　*19*
2．1910年代の地図にみる日本人街　*20*
3．1920～30年代の地図にみる日本人街　*24*
4．商店経営者の履歴について　*33*
5．おわりに　*39*

第3章　モイリリ地区における日本人町　*45*
1．発展の概要　*45*
2．主要人物の履歴　*47*
3．1909～20年におけるモイリリ地方の日本人　*51*
　　①1909年頃の日本人名鑑にみる日本人　*51*
　　②1911年頃の地図にみるモイリリ地方　*52*
　　③1920年の日本人年鑑にみるモイリリ地方日本人の職

　　　　業　53
　　4．1922年頃のモイリリ地方の様相　54
　　5．1939年におけるモイリリ日本人商店街　58
　　6．おわりに　61

第4章　近郊農業地区マノアにおける戦前の日本人 ────── 67
　　1．マノア地区の概況　67
　　2．20世紀初頭の日本人　70
　　　①『Manoa: The Story of a Valley』にみる日本人と日本語学校　70
　　　②1909〜12年の日本人名録にみるマノア地区の日本人　72
　　3．1920年代以降の状況　73
　　　①『Manoa: The Story of a Valley』にみる日本人農家　73
　　　②「北マノア農業組合」の記録にみる日本人農家　77
　　　③1920年の日本人年鑑にみる職業と出身地　79
　　4．1922年発行の日本語新聞記事にみるマノアの日本人　80
　　5．おわりに　86

第5章　日本人漁業 ──────────────────────── 91
　　1．初期の日本人漁業　91
　　2．漁業会社設立の頃　92
　　　①布哇漁業株式会社　92
　　　②太平洋漁業会社　93
　　　③ホノルル漁業会社　94
　　3．鰹と鮪などの各種漁業　96
　　4．漁業関連の職業　98
　　　①鰹節製造　98
　　　②缶詰　98

③蒲鉾製造　*100*
　5．1930年代以降の状況　*100*
　6．おわりに　*102*

第6章　山口県沖家室島の出身者 ―――――― *107*
　1．『かむろ』第6号（1916年）にみる沖家室島民の居住地　*107*
　2．『かむろ』によるホノルル在住者の職業と居住地区　*111*
　3．主な人物の紹介　*114*
　4．浄土宗との関係および居住地　*118*
　5．おわりに　*124*

第7章　日本人旅館の変遷 ―――――――――― *127*
　1．草創期の旅館と宿屋組合　*127*
　2．大陸転航時代と旅館の隆盛　*135*
　3．港から旅館までと旅館の風景　*137*
　4．1920年頃の旅館　*143*
　5．母国観光団の主催　*145*
　　　①第2次大戦前　*145*
　　　②第2次大戦後　*147*
　6．戦前ホノルル日本人旅館組合の時代　*149*
　7．戦後の小林ホテル　*151*
　8．おわりに　*153*

第8章　日本人館府（キャンプ） ―――――――― *161*
　1．武居熱血『ホノル、繁昌記』にみるキャンプ・貸ルームの分布　*161*
　2．『布哇日本人年鑑（第拾回）』の「在布日本人々名録」にみるキャンプとその居住者　*164*
　3．芳賀武『ハワイ移民の証言』にみるキャンプの風景　*169*

4．『日布時事』の「地方巡廻記」にみる1922年のキャンプの様相　　*172*
      ①　マキキ地方　　*172*
      ②　アラパイ・カカアコ地方　　*175*
      ③　カリヒ・パラマ地方　　*176*
   5．キャンプの所有者　　*181*
   6．お わ り に　　*185*

あ と が き　　*190*

資料　『かむろ』にみる沖家室出身のホノルル在住者の動向　　*192*

人 名 索 引　*197*
事 項 索 引　　*200*

ホノルル日系人の歴史地理

第1章
エスニック構成とその変容
――米国国勢調査（1910〜40年）をもとに

　ハワイはアメリカ合衆国のなかでも、とくにどの民族グループの人口もその過半数にはならない多民族社会である。このエスニック構成は19世紀以来、ハワイの基本的な特徴となっている。

　その要因として、ヨーロッパ世界との接触によるハワイ先住民人口の激減と、白人企業家達が始めた砂糖キビプランテーションのための労働力として、主にアジアからの移民を導入したことが挙げられる。

　ハワイの中心都市であるホノルルの都市化は、20世紀に入って砂糖キビプランテーションの生産の停滞と再編成の過程で、プランテーションを離脱していった労働者の都市流入によって加速化されていったといわれている[1]。

　ここでは、都市化が急激に進んだ20世紀の前半（1910〜40年）におけるホノルルの居住地および職業に関するエスニック構成の特色とその変容について、米国国勢調査（U.S.Census）の10年ごとの統計数値をもとにして明らかにしたい。

1．米国国勢調査（U.S.Census）における特徴

① エスニックおよび職業における分類

　エスニック・カテゴリーが年代によって異なっており、白人（Caucasian）に関しては、1910年と1940年は一つであるが、1920年の国勢調査ではポルトガル人、プエルトリコ人が、そして1930年ではさらにスペイン人に関して別個のカテゴリーが設けられ、ハワイ先住民の混血の場合も1920年と1930年では、「白人系」と「アジア系」が統計上区分されている。日本人、中国人以外のその他の民族については、1910年では朝鮮人・フィリピン人・

黒人・その他が一つの項としてまとめられており、1920年と30年では朝鮮人・フィリピン人が別個の項目になっている。1940年になるとフィリピン人のみ別の項目で、朝鮮人はその他に含まれている（表1-1）。表1-2〜表1-5で示すエスニック・カテゴリーは、ここでは1910年度はそのままで、1920〜40年度については便宜的に1940年のもので統一することにした。

職業上の分類においては、1910〜30年ではほぼ同じ分類方法で、農林漁業、製造・機械産業、運輸業、商業など大まかな産業別分類とさらにくわしい職業ごとの人数が記載されているが、1910年のみ産業別ごとの合計人数が抜けている（後掲表1-2参照）。1940年のみそれまでとはまったく異なり大まかな分類による人数が記載されているだけ（後掲表1-5）で、細かい職業ごとの人数は明らかでない。

② 全体的なエスニック構成の変容

表1-1にみられるように、19世紀まではハワイ先住民がもっとも多かったが、20世紀に入って1910年では白人、1920年には日本人がそれまでの10年間で激増することにより首位が入れ替わり、その後は1990年に至るまで日本人が最多数を占めている。日本人は1885年から始まった政府間の契約による官約移民の開始から、しばらく経った1896年以後、1930年まで10年ごとに倍増していることがわかる。白人のうちポルトガル人は1872年から1890年にかけて8倍近く、中国人も同時期に7倍の増加率で、ともに20世紀に入ってからも増え続けている。プエルトリコ人、朝鮮人、フィリピン人はいずれも1910年代頃から始まり、なかでもフィリピン人の増加が著しい。また、混血先住民も1930年代から50年代にかけて急増しているのが注目されよう。

2．居住地の特色とその変容

表1-1のように、1853年のホノルルの総人口約1.1万人のうち86％はハワイ先住民で占められており、市街地も現在のダウンタウン周辺に限られていた。1852年より中国人移民が導入されるが（表1-1では1872年の632人が

第1章　エスニック構成とその変容

表1-1　ホノルル市人口のエスニック構成の変化（1853～1990）

(人)

エスニック \ 年	1853	1872	1890	1896	1900	1910	1920	1930	1940	1950	1960	1970	1980	1990
ハワイ先住民	9,889	11,210	8,562	7,918	19,023*	7,910	8,459	9,675	5,457	4,885	3,828	25,636	28,176	29,276
混血先住民	386	1,013	2,603	3,468		5,613	9,072	14,242	25,583	37,205	40,749			
白人（総計）	1,013	1,349	4,216	8,041	7,465	15,992	24,125	39,043	50,892	62,459	80,274	110,070	104,662	104,038
ポルトガル人	32	222	1,732	3,833	2,410	6,147	9,978	12,297	*	*	*			
スペイン人	*	*	*	*	72	258	636	574	*	*	*	*	*	*
プエルトリコ人	*	*	*	*	*	387	841	2,211	*	3,904	*			
その他の白人	981	1,127	2,484	4,208	4,983	9,200	12,670	23,961	*	58,555	*			
中国人	*	632	4,407	7,693	6,842	9,574	13,383	19,334	22,445	26,724	30,078	35,640	38,646	44,892
日本人	*	*	388	2,381	5,595	12,093	24,522	47,468	60,593	92,510	109,066	109,489	111,228	106,677
朝鮮人	*	*	*	*	*	460	1,319	2,604	*	4,802	*	5,112	11,609	14,942
フィリピン人	3	*	*	*	*	87	2,113	4,776	6,887	17,372	21,807	29,480	40,479	45,993
黒人	*	*	*	*	*	327	198	322	*	*	*	2,397	4,243	7,371
その他	40	648	2,731	419	381	127	136	118	7,469	2,050	8,392	7,021	25,964	23,870
合計	11,455	14,852	22,907	29,920	39,306	52,183	83,327	137,582	179,326	248,007	294,194	324,845*	365,007*	377,059
オアフ島人口	19,126	20,671	31,194	40,205	58,504	82,028	123,527	202,923	258,256	353,020	500,409	630,528	762,565	836,231
ハワイ全体人口	73,137	56,897	89,990	109,020	154,001	191,909	255,912	368,336	423,330	499,769	632,772	768,559	964,691	1,108,229

（注）1853年と1896年は、A. W. Lind, *Hawaii's People* (4th ed.), Univ. of Hawaii Press, 1981, p. 131, p. 75 より。1872年、1890年、1900年については *Thrum's Hawaiian Annual and Almanac*, 1878年［1872年度分］、同、1892年［1890年度分］、同、1909年［1900年度分］。1910年度以降1990年度までは米国国勢調査の第13次（1910年）から第21次（1990年）より集計。
（出所）久武哲也「ホノルル大都市圏におけるエスニック構成——プランテーションの遺産と制度的人種主義」（成田孝三編『大都市圏研究（上）——多様なアプローチ』大明堂、1999年）、361頁。

5

最初)、砂糖耕地の労働力が1885年からの日本人移民に取って代わられるなどのため、ホノルルへの流入が急増した。そして1890年代にかけての時期にダウンタウンの西部、ヌアヌ川東岸地域に中華街が形成された。また、1878年からプランテーション労働力として導入されたポルトガル人も日本人労働者に押し出される形で、現在の国立墓地(パンチ・ボウル)の丘陵下に居住区を形成した。現在もこの辺りにマゼランやアゾレス、マデイラ、リスボンといったポルトガルに因む街路名が存在するのは興味深い。

20世紀になって、西方のダウンタウンから東方にベレタニアとキングの2本の街路が延び、住宅地の開発は東方のダイヤモンド・ヘッドやカパフルなどの高燥地に展開した。この頃から急増した日本人は、当時先住民のタロイモ耕地や養魚池などが散在していたマッカレーやモイリイリ、あるいはカカアコなどの低湿地に定住して館府(日本人キャンプ)を形成していった[2]。

図1－1は、1930年度の国勢調査にもとづくエスニックごとの集中度の高い(40％以上を占める)地区を示している。日本人はホノルル西部のカパラマ(5区の⑰) 3623人・59.0％やダウンタウン東部のカカアコ(4区の⑪) 3802人・78.9％、ワイキキ北側のマッカレー＝モイリイリ(4区の⑧) 2911人・77.0％、低地マノア(4区の⑦) 2260人、47.8％など低湿地縁辺に集中している。またダウンタウン西側のアアラ(5区の㉔) 2709人・46.5％、オロメア(5区の㉒) 2910人・43.7％も多く住んでいる。カハラ(4区の㉙)は1163人・60.8％で人口は多くないが比率は高い。

いっぽう、白人はマキキ(4区の⑯) 1263人・53.8％、マノア(4区の⑭) 1129人・60.1％、ワイキキ(4区の⑨⑩)両地区で2531人・60.0％、カイムキ(4区の②) 1509人・50.9％など丘陵地の住宅地や沿岸部の景勝地に集中していることがわかる。ポルトガル人は1920年には、パンチ・ボウルの斜面とカリヒ谷の上流部で集中し、同年2805人と793人のポルトガル人がそれぞれの狭い地域で居住していることが報告されている[3]。1930年にはパンチ・ボウル地域に2086人(4区の㉔パンチ・ボウル826人・48.5％と同㉕パウオア、同㉖パシフィック・ハイツの合計)と減少し、カリヒ谷地域は(5区の⑬) 874人でやや増加している。

中国人はパウオア(4区の㉕) 1495人・46.0％が比率としてはもっとも高

第1章　エスニック構成とその変容

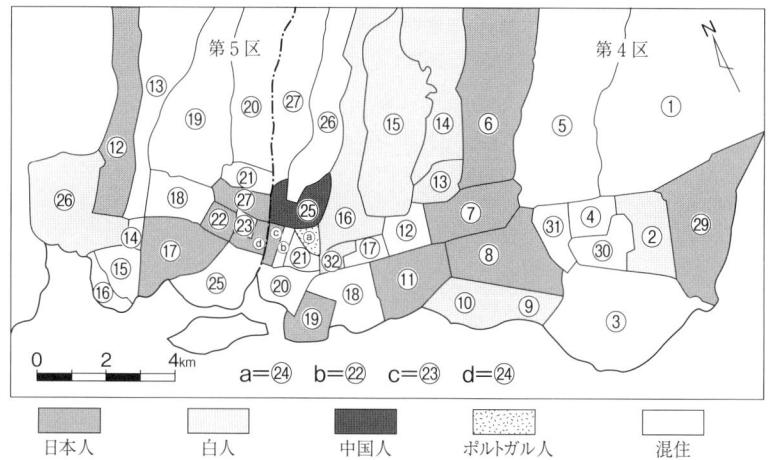

〔第4区〕1.ワイアラエ(Waialae)、2.カイムキ(Kaimuki)、3.ダイアモンド・ヘッド(Diamond Head)、4.パホア(Pahoa)、5.パロロ(Palolo)、6.上部マノア(Upper Manoa)、7.低地マノア(Lower Manoa)、8.マッカレー = モイリイリ(McCully = Moiliili)、9.東部ワイキキ(E.Waikiki)、10.西部ワイキキ(W. Waikiki)、11.カカアコ(Kakaako)、12.プナホウ(Punahou)、13.メトカフ(Metcalf)、14.マノア(Manoa)、15.タンタラス(Tantalus)、16.マキキ(Makiki)、17.ピイコイ(Piikoi)、18.ワイマヌ(Waimanu)、19.ラナ(Lana)、20.アラケア(Alakea)、21.ダウンタウン(Down Town)、22(b).フォート(Fort)、23(c).ククイ(Kukui)、24(a).パンチ・ボウル(Punch Bowl)、25.パウオア(Pauoa)、26.パシフィック・ハイツ(Pacific Heights)、27.ヌアヌー谷(Nuuanu Valley)、28.ハワイ・カイ(Hawaii Kai)〔図中には表示していない〕、29.カハラ(Kahala)、30.マウナロア(Maunaloa)、31.カパフル(Kapahulu)、32.キナウ(Kinau)
〔第5区〕12.フォート・シャフター(Fort Shafter)、13.カリヒ谷(Kalihi Valley)、14.カハヌー(Kahanu)、15.マカウエア(Makauea)、16.カリアワ(Kaliawa)、17.カパラマ(Kapalama)、18.ファーリントン(Farrington)19.カリヒ(Kalihi)、20.アレワ(Alewa)、21.リリハ(Liliha)、22.オロメア(Olomea)、23.イアオ(Iao)、24.(d)、アアラ(Aala)、25.イウィレイ(Iwilei)、26.マプナプナ(Mapunapuna)、27.パラマ(Palama)
(注)　各統計区の総人口に占める各エスニック人口の割合が40％以上の地区を表示してある。

図1-1　1930年におけるホノルルのエスニック集中地区
(出所)　久武哲也「ホノルル大都市圏におけるエスニック構成——プランテーションの遺産と制度的人種主義」(成田孝三編『大都市圏研究(上)——多様なアプローチ』大明堂、1999年)、367頁。

いが、チャイナタウンに近いアアラ（5区の㉔）の2075人を中心とする地域が人口では最多数を占め、低地マノア（4区の⑦）の952人も比較的多い。パウオアからタンタラス（4区の⑮）にかけては中上流階級の中国人が住み、「マンダリン・ハイツ」とも呼ばれている[4]。

　ホノルルにおける最後の移民集団であるフィリピン人の居住区はホノルル西部にあるキング街とリリハ街の交差する辺りを中心に形成された[5]。1930年では、それに近いイウィレイ（5区の㉕）631人からカパラマ（5区の⑰）

764人にかけてのオアフ鉄道沿線の工業地帯に人口が集中するが、ともに10%台の比率でそう高くない。朝鮮人に関しては、パラマ地区とパンチ・ボウルの斜面にあるポルトガル人居住区の間に小さな新開地があった[6]。1930年においては、パラマ地区に近いオロメア530人およびイアオ310人（5区の㉒と㉓）、パンチ・ボウル160人（4区の㉔）が比較的多い。プエルトリコ人は朝鮮人よりもさらに少なく、パラマ地区と上カリヒ谷の限定された新開地に居住していた[7]。1930年では、この両地区に挟まれたファーリントン（5区の⑱）466人、オロメア（5区の㉒）273人が目立つ。ハワイ先住民が多いのは、カリヒ谷（5区の⑬）521人、ラナ（4区の⑲）526人で、混血先住民も両地区それぞれ732人と278人で比較的多い。

　1940年度の国勢調査では、先述のようにポルトガル人、スペイン人、プエルトリコ人が白人のカテゴリーに統合され、ハワイ先住民も白人系とアジア系の区別がなくなる。

　図1-2は1940年度におけるエスニックごとの集中度の高い（40%以上を占める）地区を示している。まず日本人の人口比率では、ワイアカミロ（4区）72.3%、ケワロ＝パワア（18区）72.1%、マッカレー＝カパフル（23区）71.1%が高い。人口が多いのもケワロ＝パワア（1930年の4区の⑪に相当）5206人、マッカレー＝カパフル（同じく4区の⑧）4256人で、この2地区が日本人のもっとも集住する地域とみなされる。また、ダウンタウンに近いカウルヴェラ（8区）と東端のワイアラエ＝カハラ＝ココヘッド（29区）も3000人以上で多い。

　白人の場合は、ワイキキ＝カリア（22区）の72.9%、マキキハイツ（20区）の65.4%が高い比率を示し、人口数でもワイキキ＝カリアの5360人が最多、ほかにセントルイスハイツ＝パロロ＝ウィルヘルミナ（28区）の3898人、カパフル＝ダイヤモンドヘッド（25区）の3734人など東部の新興住宅地とみなされる地区が多くなっている。いっぽうダウンタウンの中央業務地区（12区）の場合は1515人・41.3%でそう多くない。

　中国人は、リバー街地区（9区）の29.1%がもっとも高率で、いわゆるチャイナタウンにあたる地域である。人口ではカウルヴェラ（8区）の2100人、パンチ・ボウル＝パウオア（16区）の2056人が比較的多い。前者は1930年

第1章　エスニック構成とその変容

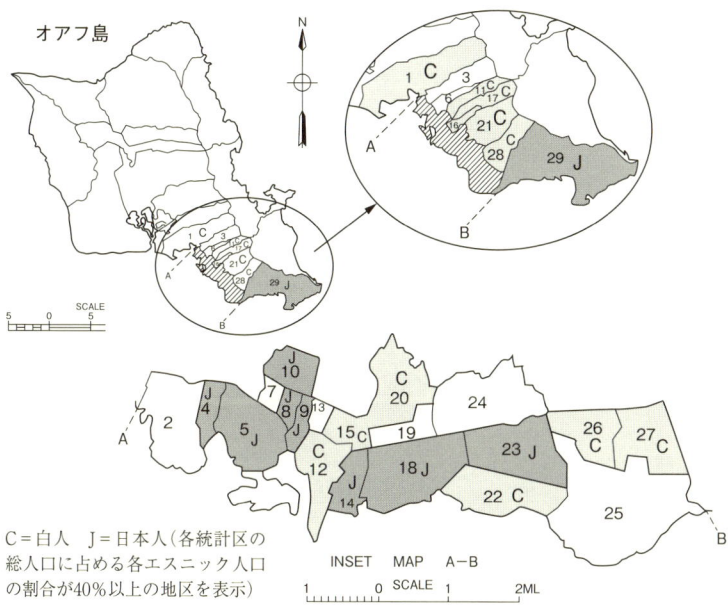

C=白人　J=日本人(各統計区の総人口に占める各エスニック人口の割合が40％以上の地区を表示)

ホノルル地区名
1　モアナルア＝カハウイキ
　　(Moanalua-Kahauiki)
2　カリヒ＝カイ(Kalihi-Kai)
3　カリヒ＝ウカ(Kalihi-Uka)
4　ワイアカミロ(Waiakamilo)
5　イウィレイ＝サンドアイランド
　　(Iwilei-Sand Island)
6　カパラマ(Kapalama)
7　パラマ(Palama)
8　カウルヴェラ(Kauluwela)
9　リバー街地区(River Street Area)
10　ラナキラ＝クナワイ
　　(Lanakila-Kunawai)
11　アレワ＝プウヌイ＝ヌウアヌ
　　(Alewa-Puunui-Nuuanu)
12　中央業務地区(Central Business District)
13　中央中学校地域
　　(Central Intermediate School Area)
14　カカアコ(Kakaako)
15　アラパイ(Alapai)
16　パンチ・ボウル＝パウオア
　　(Punchbowl-Pauoa)
17　パシフィックハイツ＝ドウセット
　　(Pacific Heights-Dowsett)
18　ケワロ＝パワア(Kewalo-Pawaa)
19　低地マキキ(Lower Makiki)
20　マキキハイツ(Makiki Heights)
21　タンタラス＝マノア(Tantalus-Manoa)
22　ワイキキ＝カリア(Waikiki-Kalia)
23　マッカレー＝カパフル(McCully-Kapahulu)
24　モイリイリ＝プナホウ(Moiliili-Punahou)
25　カパフル＝ダイヤモンドヘッド
　　(Kapahulu-Diamond Head)
26　カイムキ(エワ側)(Kaimuki(ewa part))
27　カイムキ(ココヘッド側)
　　(Kaimuki(koko head part))
28　セントルイスハイツ＝パロロ＝ウィルヘルミナ
　　(St. Louis Heights-Palolo-Wilhelmina)
29　ワイアラエ＝カハラ＝ココヘッド
　　(Waialae-Kahala-Koko Head)

図1-2　1940年におけるホノルルのエスニック集中地区
(出所)　筆者作成。

度のアアラ地区、後者はパウオア地区に相当し、集住地域の傾向は変わらない。

　フィリピン人は、イウィレイ＝サンドアイランド（5区）の892人、パラマ（7区）の691人、カウルヴェラ（8区）の1097人が人口集中地域で、そのうち5区が17.7％でもっとも比率が高い。この場合も1930年度と同じ傾向である。

　ハワイ先住民もカリヒ＝カイ（2区）の728人、カウルヴェラ（8区）の436人などが比較的多いが、それよりも混血先住民が西部のカリヒ＝カイ（2区）2321人・26.5％、カリヒ＝ウカ（3区）2556人・26.1％、東部のカパフル＝ダイヤモンドヘッド（25区）2123人・21.9％などのように急増しているのが注目される。

3．職業構成の特色

　まず1910年度のエスニック別職業構成（表1-2）をみてみよう。全体人数としては、男は白人、日本人、中国人、ハワイ人、混血ハワイ人、その他の順に多く、女は日本人、白人、混血ハワイ人、ハワイ人、中国人、その他の順となっている。

　そのうち白人の場合、男は陸海軍人・海員、女は教師が人数・割合とも圧倒的に多い。いわゆる公務員、専門職である。また事務職関係の割合も相当高い。日本人は、男女とも使用人がもっとも多く、他のエスニックに比べ男は漁業、床屋・美爪術師、家事専門サービス労働者、女は洗濯女の割合が高く、ほとんどが家庭・個人雇用に関わるものである。中国人は、男女とも農業関係の労働者とくに男の稲作耕地労働者が他のエスニックに比べ圧倒的に多い。当時ホノルルにおいて中国人を中心として稲作農業が行われていたのである。その他、男は洋服屋、小売商、店員、洗濯職工も断然多い。個人経営の店である。ハワイ人の場合、男は沖仲士・荷揚げ人足が圧倒的で、建築・手労働者を含めいわゆる肉体労働、女は使用人が比較的多い。それに比べ、混血ハワイ人は、男が事務員や大工、女は教師など専門的な仕事が比較的多いのが注目される。その他のエスニックは、全体人数は多くないが、男

表1-2 1910年ホノルルにおけるエスニック別職業構成
(人)

		全体	ハワイ人	混血ハワイ人	白人	中国人	日本人	その他
男	農・林・漁業:							
	普通農場労働者	484	19	2	154	159	138	12
	稲作耕地労働者	224		1		206	10	7
	砂糖耕地労働者	272	9		36	67	107	53
	漁業	269	46	3		15	204	1
	庭園労働者	252	10	1	7	151	79	4
	庭師	245	3	1	5	161	73	2
	製造・機械産業:							
	大工	900	104	75	281	152	281	7
	技師	205	11	22	143	8	19	2
	建築・手労働者	1,510	342	64	474	209	375	46
	ペンキ工・ガラス工など	250	62	21	42	72	52	1
	洋服屋	410	1	4	17	248	126	14
	運輸業:							
	荷馬車屋・連畜御者	268	63	24	90	35	55	1
	沖仲士・荷揚げ人足	663	437	52	50	4	99	21
	船員・甲板水夫	423	114	20	101	4	166	18
	商業:							
	小売商	1,028	22	15	139	563	276	13
	店員	845	31	36	234	312	225	7
	公務員:							
	陸海軍人・海員	1,070	6	7	1,029	7	18	3
	専門職:							
	教師	92	4	2	42	26	15	3
	家庭・個人雇用:							
	床屋・美爪術師	187			36	25	122	4
	家事専門サービス労働者	499	18	2	21	69	352	37
	洗濯職工	313	1		9	270	32	1
	使用人	1,630	15	6	54	571	969	58
	事務職:							
	簿記・出納・会計係	441	13	38	222	91	75	2
	事務員	354	48	73	159	48	22	4
	計（その他含む）	21,032	2,572	1,050	6,206	5,004	5,727	473
女	農・林・漁業:							
	普通農場労働者	110	1		24	51	32	2
	製造・機械産業:							
	洋裁師・裁縫婦	245	14	38	135	18	39	1
	商業:							
	女店員	135	6	15	41	28	45	
	専門職:							
	教師	287	4	50	205	13	9	6
	家庭・個人雇用:							
	洗濯女	270	7	2	41	3	199	18
	使用人	849	35	28	133	27	610	16
	事務職:							
	速記者・タイプライター	92	1	18	73			
	計（その他含む）	2,996	204	258	1,077	169	1,222	65

(出所) 米国国勢調査の第13次（1910年）の資料より筆者作成。

が使用人、砂糖耕地労働者、建築・手労働者、女は洗濯女、使用人が比較的目立ち、日本人の場合と同じ傾向と思われる。

1920年度（表1-3）におけるエスニック別の全体人数では、男女ともその多さの順は1910年度とほぼ同じであるが、男はその他の2001人のうち1910年度には区分のなかったフィリピン人の1356人が目立つ。

さて、この年度から職業大分類ごとの人数が出ているので、エスニックごとにまずこの分類での多い職種を挙げてみよう。男の場合、白人は運輸業、公務員、専門職、事務職。日本人は農・林・漁業、製造・機械産業、家庭・個人雇用。中国人は商業で、1910年度とほぼ同じ傾向を示している。女の場合、日本人は農・林・漁業、製造・機械産業、商業、家庭・個人雇用。白人は運輸業、専門職、事務職で、他のエスニックを圧倒している。

細かい分類でみると、農・林・漁業のうち、稲作労働者はほとんど中国人。砂糖耕地労働者は日本人とフィリピン人。漁師は日本人、庭園労働者では日本人が中国人より多くなっている。製造・機械産業のうち、技師・起重機士、鉄鋼工場労働者、機械製作修理工は白人の割合が高い。大工、建築一般労働者、果物野菜缶詰等工場労働者、ペンキ工・ガラス工は日本人の割合が高い。洋服屋は1910年度と同様に中国人が多く、職種によってエスニックごとの就業率が異なるのは興味深い。運輸業のうち、荷馬車屋・連畜御者は白人。かかえ運転手は日本人。道路人夫、沖仲士・荷揚げ人足、船員・甲板水夫はやはりハワイ人である。商業のうち、主要な小売商、店員は中国人が多いというのも1910年と同じである。公務員のうちほとんどを占める陸海軍人・海員は白人であるが、公務労働者、警官はハワイ人が多いのは注目される。白人を主とする軍人の増加については、ホノルルの軍事基地化を反映するものである。専門職の教師は白人が多い。家庭・個人雇用のほとんどは日本人が1位であるが、洗濯職工についてのみ中国人が最多であるのは1910年と同じである。事務職は白人に次ぎ中国人も多い。その他フィリピン人の陸海軍人・海員（305人）が目立つが、これも軍関係の労務であり、前節で述べたフィリピン人の集住地であるホノルル西部地区やパール・ハーバー周辺の軍用地との関係が考えられる。女は、洋裁師・裁縫婦、電話交換手、女店員、教師、速記者・タイピストなど専門的な仕事は白人が多い。洗濯女、使用人

表1-3　1920年ホノルルにおけるエスニック別職業構成　　　　　　　　　　　　　　　　　　（人）

		全体	ハワイ人	混血ハワイ人	白人	中国人	日本人	フィリピン人	その他
男	農・林・漁業：	2,010	106	22	166	551	1,026	74	65
	稲作耕地労働者	165		1		157	5		2
	砂糖耕地労働者	163	3		17	23	60	45	15
	漁師	436	70	7	4	11	341	2	1
	庭園労働者	519	16	1	35	144	294	13	16
	製造・機械産業：	8,860	856	629	2,488	1,410	2,758	499	220
	大工	1,401	96	89	295	198	693	10	20
	技師・起重機士	296	39	49	164	7	33	3	1
	建築一般労働者	1,691	210	66	409	187	569	172	78
	果物野菜缶詰等工場労働者	436	9	5	20	78	189	106	29
	鉄鋼工場労働者	206	64	21	91	13	17		
	機械製造修理工	487	51	8	256	26	60	7	6
	ペンキ工・ガラス工など	416	64	31	55	104	141	15	6
	洋服屋	314	1	1	11	166	110	7	18
	運輸業：	4,026	1,213	346	985	188	961	192	141
	かかえ運転手	735	79	78	232	69	264	3	10
	荷馬車屋・連畜御者	305	48	13	115	35	86	4	4
	道路人夫	218	108	13	75	2	9	9	2
	沖仲士・荷揚げ人足	1,473	635	118	123	24	362	142	69
	船員・甲板水夫	379	200	22	43	5	81	11	17
	商業：	3,980	144	133	982	1,374	1,184	111	52
	材木置場・倉庫労働者	254	55	13	42	10	32	96	6
	商店の運搬人・手伝い人	246	20	3	30	47	137	5	4
	小売商	1,355	6	11	202	646	469	1	20
	店員	1,454	24	65	347	556	439	5	18
	公務員	3,564	300	188	2,604	41	43	359	29
	公務労働者	297	119	17	78	12	7	53	10
	官公吏・視察官(準州・合衆国)	258	8	22	223	2	2		
	警官	94	44	25	21	2	2		
	陸海軍人・海員	2,512	24	46	2,111	9	2	305	15
	専門職：	1,119	71	79	637	96	205	15	16
	教師	146	6	12	66	26	31		5
	家庭・個人雇用：	3,275	88	47	207	1,030	1,695	94	114
	床屋・美爪術師	203			39	19	130	9	6
	管理人	226	43	9	32	51	74	9	8
	洗濯職工	209	2	4	4	185	7	7	
	使用人	1,775	25	13	62	526	1,053	42	54
	事務職：	1,843	84	245	767	451	281	7	8
	簿記・出納係	538	6	51	198	182	98		3
	事務員	925	62	154	365	204	133	3	4
	計（その他含む）	28,770	2,871	1,691	8,854	5,143	8,210	1,356	645
女	農・林・漁業：	97	10	1	6	10	69		1
	製造・機械産業：	540	67	46	160	56	197	10	4
	洋裁師・裁縫婦	173	20	21	82	15	33	2	
	運輸業：	68	12	22	28		6		
	電話交換手	52	6	20	24		2		
	商業：	365	25	24	109	75	130		2
	小売業	97	3	1	11	21	61		
	女店員	225	18	17	89	49	50		2
	専門職：	1,014	41	160	650	78	79	1	5
	教師	678	21	115	435	66	36		5
	家庭・個人雇用：	1,935	66	60	332	69	1,363	12	33
	洗濯女	316	10	2	37	2	255	5	5
	使用人	1,121	24	27	108	56	881	1	24
	事務職：	483	15	102	311	22	32	1	
	速記者・タイピスト	294	6	69	207	6	6		
	計（その他含む）	4,510	236	416	1,602	310	1,877	24	45

（出所）米国国勢調査の第14次（1920年）の資料より筆者作成。

はやはり日本人である。混血ハワイ人に比較的、教師が多いのも1910年と同様である。

1930年度（表1-4）もエスニック別の全体人数では、1920年と同様に男は白人、女は日本人がもっとも多い。また男の場合フィリピン人2206人と女の場合は混血ハワイ人のさらなる増加が注目される。

職業大分類でみるエスニックごとに多い職種については、白人、日本人とも1920年度とほぼ同様であるが、男の場合、日本人は新たな項目の鉱業そして商業が中国人を抜いて第1位で、これらの分野への進出が注目されよう。女の場合、白人の商業が日本人に代わってトップになっている。

細かい分類でみると、男では農業のうち大半の農場労働者は日本人。林業と漁業のほとんどを占める漁師、および鉱業のうちほとんどを占める石切り工も日本人である。それぞれ日本人の集住地区であるカカアコに漁港が、モイリイリには石切り場が存在する（第5章および第3章参照）。製造・機械工業のうち、大工、果物野菜缶詰等工場労働者、ペンキ工・ガラス工は日本人、電気工、機械製作修理工は白人。交通・通信業のうち、かかえ運転手・トラック運転手は日本人、道路人夫は白人、沖仲士・荷揚げ人足はやはりハワイ人で、道路人夫も比較的多くみられる。商業のうち、主要な小売商は中国人、店員は日本人が多くなっている。公務員、専門職は圧倒的に白人だが、公務労働者は比較的ハワイ人も多い。また家庭・個人雇用もすべて日本人が1位であるが、中国人も比較的多い。事務職では事務員は白人が、簿記・出納係は中国人が多い。フィリピン人の場合は、果物野菜缶詰等工場労働者が多くなっているが、これは居住区の一つであるイウィレイにパイナップル缶詰工場があるのと関係している。

女は、電話交換手、女店員、学校教師、正規看護婦、速記者・タイピストなど専門的な仕事は白人が多く、床屋・美爪術師、洗濯女、使用人、給仕人はやはり日本人が多い。洋裁師・裁縫婦、小売商、店員も増加している。混血ハワイ人に教師のほか速記者・タイピストが多いのも注目される。

1940年度（表1-5）については、前述のように1930年度までの職業分類の仕方とはまったく異なり、簡略化されている。したがって比較が困難であるが、いちおう新しい分類でのエスニックごとの特色をみてみよう。エスニ

第1章　エスニック構成とその変容

表1-4　1930年ホノルルにおけるエスニック別職業構成　　　　　　　　　　　　　　(人)

		全体	ハワイ人	混血ハワイ人	白人	中国人	日本人	フィリピン人	その他
男	農業：	1,777	19	23	178	285	1,015	197	60
	農場労働者(賃金生活者)	1,110	14	14	118	196	533	193	42
	林業と漁業：	477	41	3	44	21	366	21	2
	漁師・牡蠣取り人	453	38	2	10	20	363	19	1
	鉱業：	96	8		13	14	37	19	
	石切り工	76	7		8	1	36	4	20
	製造・機械工業：	10,310	632	748	2,841	1,000	4,054	803	232
	大工	1,816	59	88	272	160	1,193	17	27
	電気工	346	32	62	177	25	39	6	5
	機械製作修理工	1,176	58	120	431	115	387	47	18
	ペンキ工・ガラス工など	644	56	46	81	55	369	34	3
	鉛管工・ガス管など取付人	304	11	15	125	19	127	7	
	果物野菜缶詰等工場労働者	757	23	30	51	50	264	318	21
	建築労働者・助手	746	73	38	266	32	246	63	28
	交通・通信	4,316	874	424	1,231	248	1,162	290	87
	かかえ運転手・トラック運転手	1,519	119	138	435	133	628	44	22
	道路人夫	469	140	48	161	17	48	40	15
	沖仲士・荷揚げ人足	969	372	61	68	31	277	134	26
	商業：	5,735	94	194	1,711	1,582	1,873	195	86
	商店の運搬人・手伝い人	237	9	9	65	21	119	8	6
	小売商	1,747	11	31	313	695	659	6	32
	店員	2,168	18	66	649	616	761	28	30
	公務員：	6,567	446	305	5,489	99	72	124	32
	守衛・見張人・門衛	304	77	34	116	18	34	10	9
	公務労働者	598	185	72	243	36	20	31	11
	官公吏・視察官(準州・合衆国)	512	12	24	464	6	5		1
	陸海軍人・海員	4,615	19	22	4,476	14		81	3
	専門職：	2,225	111	157	1,164	209	470	70	44
	学校教師	350	9	8	216	39	77		1
	家庭・個人雇用：	4,304	96	63	414	1,001	2,075	474	181
	床屋・美爪術師	253		1	71	12	118	46	5
	管理人	520	70	24	84	106	169	37	30
	家事専門サービス労働者	748	10	2	22	43	585	47	39
	使用人	1,286	4	5	57	443	653	99	27
	給仕人	651	2	8	26	206	256	146	7
	事務職：	2,931	111	321	1,088	828	534	28	21
	簿記・出納係	795	5	67	219	302	194	5	3
	事務員	1,400	89	199	474	383	228	19	8
	計（その他含む）	38,738	2,432	2,238	14,152	5,287	11,658	2,206	765
女	農業：	122	3		11	15	91	1	1
	製造・機械産業：	1,119	116	59	202	127	545	35	35
	洋裁師・裁縫婦	260	11	10	55	8	168	1	6
	果物野菜缶詰等工場労働者	175	57	16	17	20	33	21	11
	交通・通信：	118	10	25	55	13	12	1	2
	電話交換手	109	9	24	52	11	11		2
	商業：	842	48	43	310	161	272	3	5
	小売商	220	31	7	29	34	117	1	1
	女店員	478	7	26	202	110	129	2	2
	専門職：	2,426	114	325	1,364	276	309	7	31
	学校教師	1,481	79	238	774	231	148	2	9
	正規看護婦	488	19	53	265	22	111	3	15
	家庭・個人雇用：	3,749	244	233	681	181	2,289	55	66
	床屋・美爪術師	230	1		37	1	189	1	1
	洗濯女	359	13	8	42		281	7	8
	洗濯職工	215	68	29	93	6	16	1	2
	使用人	2,030	89	112	260	111	1,401	24	33
	給仕人	263	5	4	54	31	161	3	5
	事務職：	1,278	30	189	807	108	134	2	8
	事務員	294	6	39	182	32	34		1
	速記者・タイピスト	733	18	126	495	29	57	1	7
	計（その他含む）	9,683	573	879	3,442	882	3,653	105	149

(出所)　米国国勢調査の第15次（1930年）の資料より筆者作成。

表1-5 1940年ホノルルにおけるエスニック別職業構成 (人)

		全体	ハワイ人	混血ハワイ人	白人	中国人	日本人	フィリピン人	その他
男	専門労働者	2,451	38	134	**1,457**	242	503	26	51
	半専門労働者	646	7	72	**241**	112	188	13	13
	農民・農場支配人	604	1	5	38	47	**494**	1	18
	農場以外の経営者・支配人・公務員	5,813	31	256	**2,733**	874	1,711	74	134
	事務員・販売および同類の労働者	7,952	59	569	**2,729**	1,929	2,437	110	119
	職人・職工長および同類の労働者	8,440	209	823	2,549	675	**3,754**	212	218
	工員および同類の労働者	7,033	302	1,010	1,895	788	**2,089**	688	261
	家庭雇用労働者	1,090	5	20	211	57	**654**	111	32
	家庭雇用以外の雇用労働者	8,558	160	390	**5,130**	673	1,264	805	136
	農業労働者(賃金生活者)および農場監督	554	10	20	46	72	**217**	163	26
	農場労働者(無給の家族労働者)	236		3	9	9	**210**		5
	農・鉱山以外の労働者	6,733	521	875	876	531	**2,391**	1,051	528
	未報告の職業	120	2	27	**44**	19	15	7	6
	計	50,270	1345	4204	**17,958**	6028	15,927	3,261	1,547
女	専門労働者	3,005	34	389	**1,603**	414	501	9	55
	半専門労働者	224	5	30	**113**	11	47	7	11
	農民・農場支配人	140		4	7	8	**118**	1	2
	農場以外の経営者・支配人・公務員	1,101	11	51	383	135	**461**	6	54
	事務員・販売および同類の労働者	4,272	43	441	**1,806**	701	1,211	17	53
	職人・職工長および同類の労働者	273	16	45	58	42	**91**	6	15
	工員および同類の労働者	3,010	178	399	414	439	**1,384**	34	162
	家庭雇用労働者	3,445	40	176	286	117	**2,714**	25	87
	家庭雇用以外の雇用労働者	2,256	59	279	516	259	**1,041**	22	80
	農業労働者(賃金生活者)および農場監督	33		1	2		**30**		
	農場労働者(無給の家族労働者)	415		3	12	7	**387**		6
	農場・鉱山以外の労働者	670	16	25	142	106	**361**	7	13
	未報告の職業	89	1	20	**34**		30		4
	計	18,933	403	1,863	5,376	2,239	**8,376**	134	542

(出所)米国国勢調査の第16次(1940年)の資料より筆者作成。

ック別の全体人数は、それまでと同様で男は白人、女は日本人がもっとも多い。それ以外では男女とも混血ハワイ人の増加が目立つ。

職種別でみると、男で白人がもっとも多いのが専門および半専門労働者、農場以外の経営者・支配人・公務員、事務員・販売および同類の労働者、家庭雇用以外の雇用労働者、農場・鉱山以外の労働者で、日本人は農民・農場支配人、家庭雇用労働者をはじめ、その他すべての職種である。これ以外のエスニック・グループで比較的目立つのが、中国人では事務員・販売および同類の労働者、ハワイ人および混血ハワイ人は工員および同類の労働者と農

場・鉱山以外の労働者、フィリピン人も農場・鉱山以外の労働者である。女は白人の専門および半専門労働者、事務員・販売および同類の労働者以外はすべて日本人が多くなっている。その他のエスニック・グループでは中国人と混血ハワイ人は事務員・販売および同類の労働者、ハワイ人は工員および同類の労働者が目立つ。以上のように具体的な職種の特色は把握しにくいが、ほぼ1930年度の傾向と似かよっていると考えられる。

4．おわりに

　以上のように、米国国勢調査（1910～40年）にもとづいて、ホノルルにおける居住地と職業に関してエスニック構成とその変容について分析を試みた。職業上の特色としては、白人は、公務員、専門職、事務職関係のいわゆるホワイト・カラーの仕事が中心で、それに対して日本人は、当初から、家庭・個人雇用に関わる仕事が多く、次第に商業関係への仕事へ進出する。中国人は農業、商業が中心で、ハワイ人は沖仲士を中心とした肉体労働、それに対し混血ハワイ人は専門的な仕事が目立つのが注目される。1920年頃より増加してきたフィリピン人は、軍関係の労務や工場労働者が中心である。居住地域に関する特色としては、白人居住区は丘陵地の住宅地や沿岸部の景勝地に集中し、日本人を中心とするアジア系の居住区は低湿地の縁辺に広がっていく。とくに中国人はダウンタウンの近くにチャイナタウンを、日本人はそれより東側の地域など第8章で述べる館府（キャンプ）を核として新しい居住地を形成していった。フィリピン人は、やや遅れて西部の工業地域に定住地を発展させていった。

　今回は統計値にもとづく分析にとどまり、移民政策や都市開発計画との関係などについての考察、さらに第2次大戦後から現在に至るまでの変容過程については及ばなかった。これらについては、今後の課題としたい。

【注】
1) 久武哲也「ホノルル大都市圏におけるエスニック構成——プランテーションの遺産と制度的人種主義」(成田孝三編『大都市圏研究 (上) ——多様なアプローチ』大明堂、1999年)、356-357頁。
2) 同前、362-364頁。
3) Andrew W. Lind, *Hawaii's People*, University. of Hawaii Press, 1955, p. 54.
4) 同前、p. 59。なお、同書 p. 57 には低地マノア地区にあるビンガム・トラクトは「チャイニーズ・ハリウッド」と呼ばれたが、そこは1920年代半ばかなり多数の中国人家族がアメリカ模様の家を設置しようと努めたためとある。
5) 同前、p. 55。なお、同書 pp. 60-61 の地図には同所周辺を「リトル・マニラ」と記している。
6) 同前、p. 56。
7) 同前、p. 56。

第2章
アアラ地区における日本人街

　ホノルルのアアラ地区は古くから市の中心部にあたるダウンタウンの西側に位置する地区である。第2次大戦前はここに日本人街が存在し、多くの日本人商店や映画館などがあっていわばハワイにおける日本人の中心街のような場所であった。本章では戦前の日本人街の有様を残された数枚の地図を利用して復元し、さらにそこで商店などを営んでいた人達はどのような経歴の持主であったかを人名鑑などを用いて明らかにしたい。

1．地区の概要

　アアラ地区は、ホノルル市のダウンタウンの西側にあり、ほぼアアラ街とベレタニア街、ヌアヌ川、クイーン街（現在のニミッツ・ハイウェイ）に囲まれた地域である（後掲図2-1、2-2、2-3参照）。
　砂糖耕地での契約労働を満了した日本人が、1890年頃から次第にホノルルに流入するようになったが、1900年にダウンタウンで起こったペスト焼き払い大火で日本人が密集していた地域がほぼ全焼し大きな被害を被った[1]。しかしこれが一つの契機となり市内各地に日本人町が形成された[2]。それらの日本人町のなかでダウンタウンのすぐ西側に商店が立ち並ぶ日本人街が形成されていくが、それがアアラ地区である。この地域のすぐ海側にはホノルル港があり、この地区内のキング街には市街電車が西のカリヒから東のカイムキ、また西のリリハから東のワイキキまで頻繁に通っていた。またオアフ鉄道の停車場がこの地区のキング街を隔てたイウィレイにあり、オアフ島の各地方から鉄道や、後にはバスでやって来るのに便利であった。また鉄道のない裏オアフの人達にとって、アアラ地区は、各所にタクシー・スタンドがあ

り人が集まりやすく、いわば交通の中心地でもあった。[3]

　米国国勢調査によると、ホノルル市における日本人の人口と全人口に対する比率は、1900年が5595人・14.2%、1910年が1万2093人・23.2%、1920年が2万4522人・29.4%、1930年が4万7468人・34.5%で、日本人は10年ごとに倍増し比率も急増している。このうち1930年の国勢調査ではアアラ地区（Representative District No.5, Precinct24、図1-1、第5区の㉔）における日本人人口は2709人で、この地区全体人口の46.5%を占め[4]、日本人集住地区の一つであった。つまりこの地区の半数近くが日本人だったのである。

2．1910年代の地図にみる日本人街

　図2-1は武居熱血『ホノルヽ繁昌記』（本重眞壽堂、1911年）に収められている地図のうち、この地区の日本人商店の分布を示すものである。武居は第4節でも登場するが、リバー街で呉服店を営みながら、ハワイ各地を巡回し、『布哇（ハワイ）一覧』（1914年）、『布哇活動の大和民族』（1917年）などハワイの日本人についての本をいくつか著している。とくに『ホノルヽ繁昌記』と『布哇一覧』は、決して正確な地図とはいえないが他に類書がないだけに当時の日本人の分布を示す史料として貴重なものである。

　さて、この分布図をみると1910年頃にはすでにかなりの日本人商店がアアラ公園の周囲に存在することがわかる。そのうち旅館は広島県出身者が経営する山城・尾道屋（尾の道屋）・小林・神州屋旅館がみられ、他に九州屋（熊本県）とヌアヌ川を隔てて米屋ホテル（山口県）が存在している。また洋服店、水店（ソーダ水や菓子などを販売する店）、理髪店、玉場（玉突場）、薬店がいくつかみられる。

　次に図2-2であるが、これはFIRE INSURANCE MAP（火災保険地図）といわれるものである。アメリカ合衆国やカナダで火災保険のために数年ごとに作成された地図で、さすがに建物の形状などは正確だと考えられる。しかし所有者や商店の種類などの記載がないため当時の住所録などで照合する必要があり当時の商店などの位置を復元する作業が面倒である。それゆえか、これを利用した研究は今のところまだ少ない。[5]

第2章 アアラ地区における日本人街

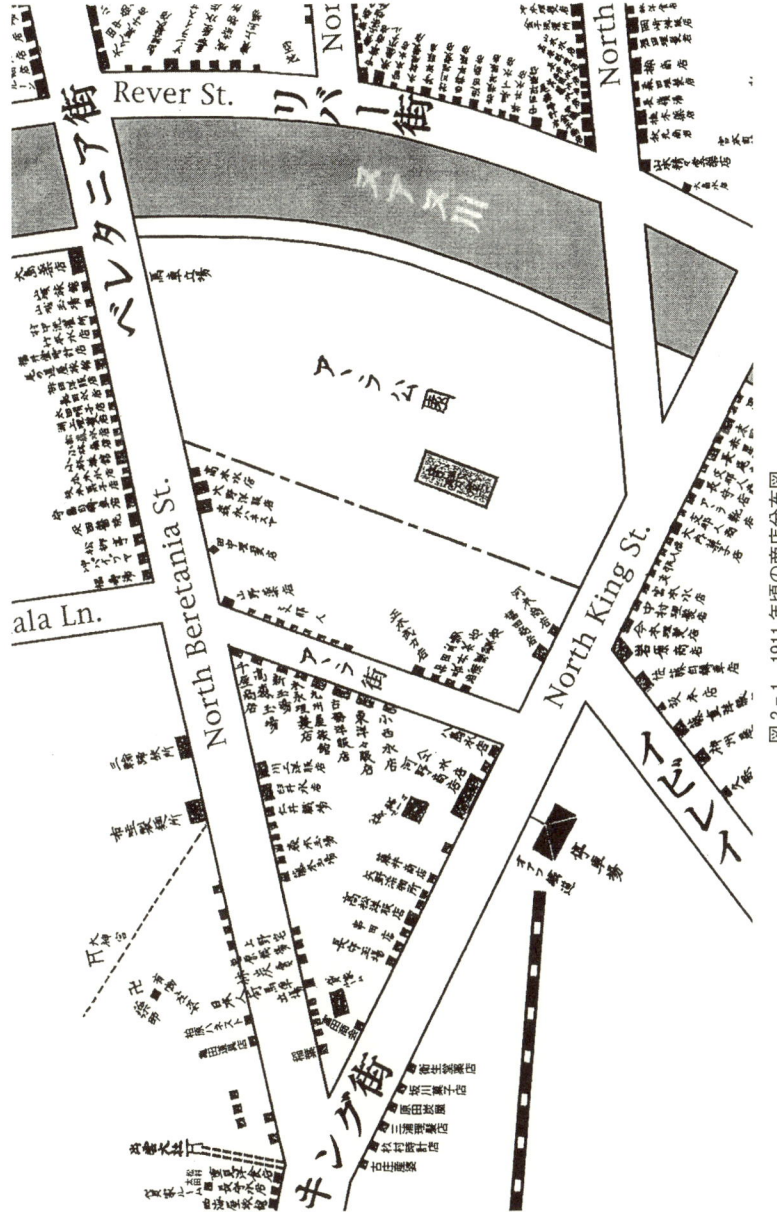

図2-1 1911年頃の商店分布図

(出所) 武居熱血『ホノルル繁昌記』(本重眞壽堂、1911年) にもとづき原寛氏が作図。

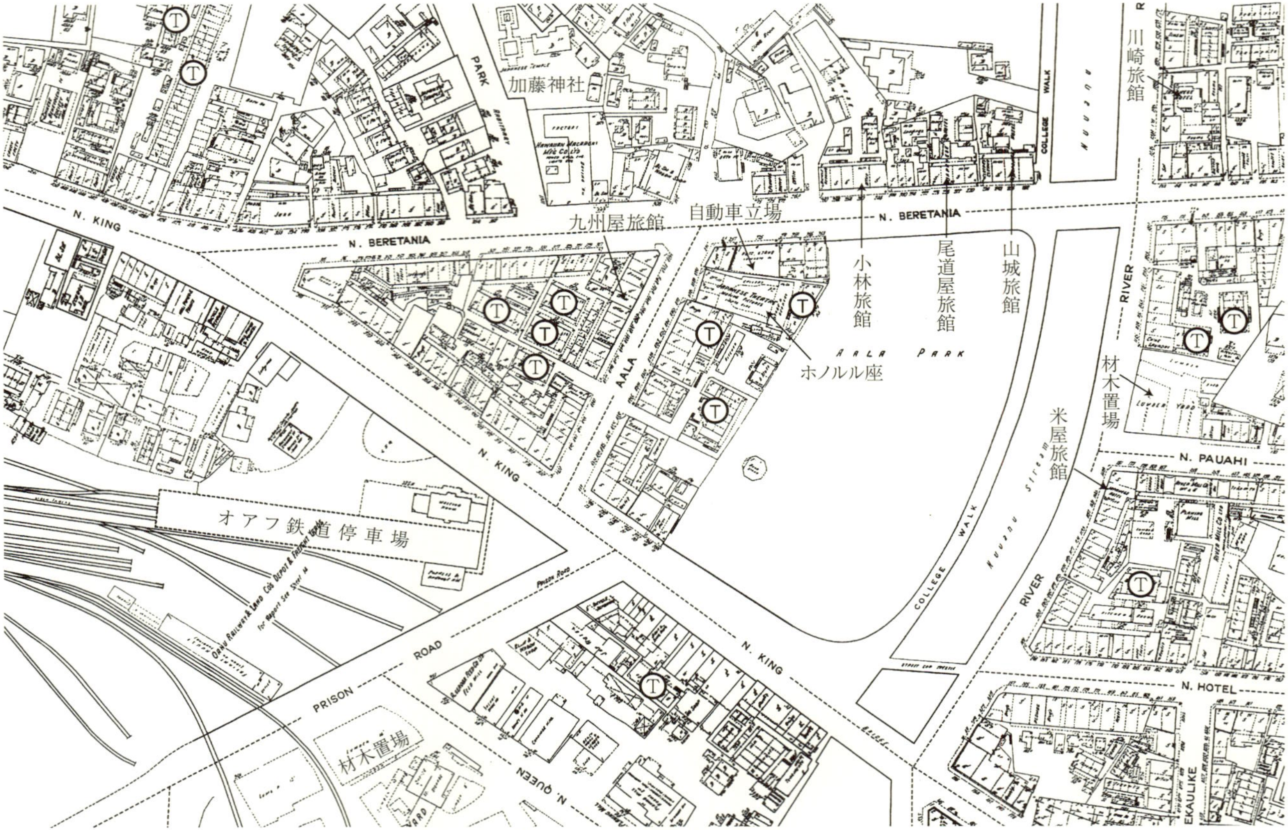

図2-2 1914年頃のアアラ地区

(注) ①および日本語は筆者による。
(出所) INSURANCE MAP OF HONOLULU OAHU T. H (Sanborn MAP Company, 1914).

図2-2の地図は1914年のものであり、図中の通りに面した所にSの記号が多いが、これはStore（商店）であろう。また通りから離れた街路区画の内側にTの記号を付した所はTenements（借家、アパート）で、この辺りはとくに日本人が多く住み、持主も日本人あるいは白人、中国人であった。第8章でとりあげるが、日本人はこれを館府（キャンプ）とか貸ルームと呼んでいた。[6] 大きな建造物などについては英語名が記されており、主なものを日本語で記入しておいた。Japanese Hotel（日本人旅館）の場所は図2-1とほぼ同じであり、小林はじめ山城、尾道屋などの旅館が通りに面した間口は広くないが、奥の方まで大きく広がっている様子がみて取れる。また自動車立場はAuto Standとあり、これはいわゆるタクシー乗り場で小さなものは市内各所にみられた（41頁の写真2-2）。加藤神社はJapanese Templeと記されている。この神社については以下の説明の通りで、当時の日本人とくにこの近辺に多く住む熊本県出身者にとって旅館とともに大きな存在であった（41頁の写真2-1）。

　加藤神社は布哇に於ける在留同胞中、清正公帰依者の懇請に依り明治四十四〔1911〕年九月肥後国熊本県熊本市城北に鎮座奉奉祀せらるる県社加藤神社を分祠奉斎したるものにして大正元〔1912〕年八月二十三日ホノルル市ベレタニア街に地を卜し神殿及び社務所を新築し此に鎮祭す。目下奉信会員二千余名にして別に役員を置き経営の任に当たらしむ。榮木鎮二郎氏社司たり。付属事業として別に神教主義を奉持せる青年団体を有す。[7]

　また図2-2の中央にあるJapanese Theatreはホノルル座で、以下のように最初は芝居小屋から出発し、後に日本映画館となった。当時の日本人にとって重要な娯楽施設であったと思われる。これについてジャック・Y・タサカによる回想記などを要約すると次のようになる。
　ホノルル座は1903年に中国人の芝居小屋としてアアラ街に開館し、翌年日本人がこれを借り受けて興行した。長年にわたり日本人向けに芝居や浪花節の興行、演説会、活動写真やトーキーの上演が行われ、そのためにたびたび改装や改築が行われた。1926年には広島県出身の沢村作市氏が沢村興行

部を興してホノルル座の支配人となって日本物の活動写真の常設館とした。さらにトーキー（発声映画）時代の到来に備えて逸早くホノルル座を大改造して、最新式の発声映画館として1931年に華々しく再登場した。[8]

3．1920～30年代の地図にみる日本人街

　図2-3は、図2-2と同様のFIRE INSURANCE MAPの1927年における同地区のものである。Tenements（借家、アパート）が以前よりも街路の内側に多くみられ、街路に面してはRestaurant（食堂）が明記されて、多数存在することがわかる。また、Drags（薬店）、Pool（玉突場）、Furniture（家具屋）なども明記され、それらは街角に比較的多く位置している。

　前述の加藤神社の西側に出雲大社もみられるが、これについては広島県比婆郡峯田村の八幡神社々司であった宮王勝良氏が、1906年にハワイに来てベレタニア街に居を構え、大社教崇敬会というものを設けて布教に従事し信徒の増加をみるに至り、社殿建築の必要に迫られ在留同胞の援助によってこの地に建築工事を興し、1907年に竣工した。[9]現在はこの地区の北のはずれ（215 North Kukui St.）に存在している。

　図2-4は、ハワイ大学社会科学調査研究所の「Oral History Recorder」調査にもとづいて作成された1920～30年代にかけてのこの地区の商店分布図で、図2-3と同時期のものである。[10]もとの図では商店名は英語で記載されているが、ここでは図中にナンバーを付し、以下に日本語で商店名を記載した。（　）内の文も分布図の説明のために付された文章の和訳である。そして各商店と関係のある人物について日布時事社編『布哇年鑑』（1928年）の「布哇日本人人名住所録」を利用して、人名または店、職業または営んでいる店の種類、出身県、住所（街路名と番地）を〔　〕内に記した。なお白抜きの数字の商店は、図2-1の分布図にも記載のみられるものでその店名を〈　〉で示している。全体としては1911年からこの頃まで続いている商店は意外と少ないように思われる。

第2章　アアラ地区における日本人街

図2-3　1927年頃のアアラ地区

(注) Ⓣ Tenements（借屋、アパート）　Ⓡ Restaurant（食堂）　Ⓓ Drugs（薬店）　Ⓟ Pool（玉突き場）
日本語および〇の記号は筆者による。
(出所) *INSURANCE MAPS of Honolulu* (Sanborn MAP Company, 1927)

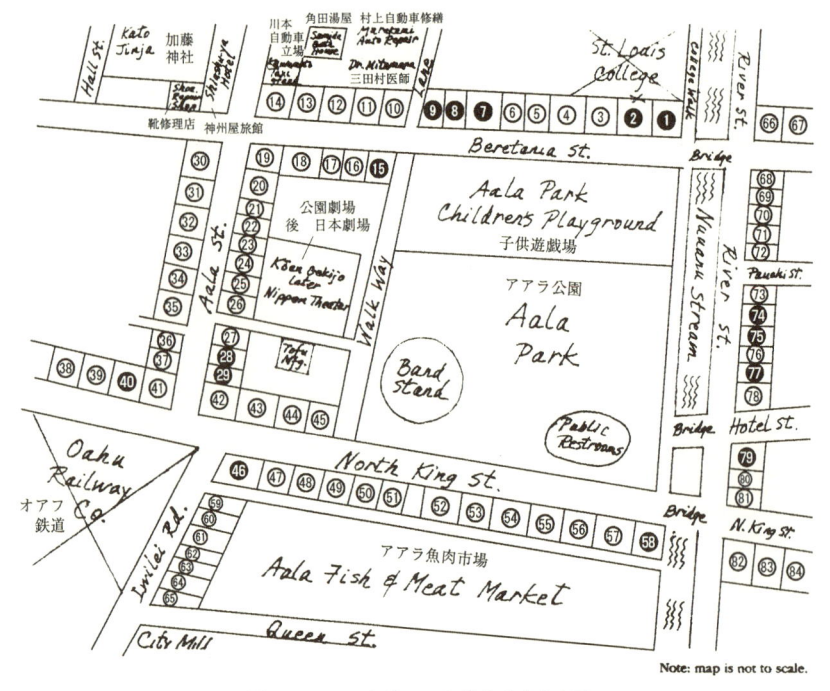

図 2-4　1920 年代～30 年代の商店分布図

(注)　日本語は筆者による。
(出所)　Oral History Recorder, *Newsletter of the Center for Oral History*, Social Science Reserch Institute, University of Hawaii at Manoa, Vol. 14, No. 2, p. 6.

ベレタニア街

❶〈大島薬店〉(ベレタニア街とカレッジウォークとの角)
〔大島薬輔　支配人青木秀作　山口　202 N. Beretania St.〕

❷山城〈旅館〉ホテル
〔山城旅館　館主山城松太郎　広島　206 N. Beretania St.〕

③港屋食堂
〔戸井源一　料理店　広島　222 N. Beretania St.〕

④中村ホテル
〔中村勇一　旅館員　広島　250 N. Beretania St.〕

⑤イハ理髪店
〔伊波正清　理髪店　沖縄　240 N. Beretania St.〕

⑥岡本商店
〔岡本周作　商店員　広島　246 N. Beretania St.〕
⑦小林〈旅館〉ホテル
〔小林旅館　館主木本吉太郎　広島　250 N. Beretania St.〕
❽木本〈水店〉商店
❾坂本〈菓子店〉餅とキャンディの店（一番美味しいカステラを作っていた）
〔坂本芳太郎　菓子店　福岡　258 N. Beretania St.〕
⑩日本レストラン
⑪磯部
〔磯部太蔵　商店主　山口　276 N. Beretania St.〕
⑫西海屋ホテル
〔西海屋旅館　館主長谷川圓蔵　熊本　280 N. Beretania St.〕
⑬レストラン
⑭川本サイミン・スタンド（後にモイリイリの南キング街とハウステン街の角に移る）
〔川本四郎　運転士　広島　250 N. Beretania St.〕
❻森永〈ハネスヤ〉ハーネス店
〔森永千次郎　馬具商　熊本　271 N. Beretania St.〕
⑯甘栗太郎
〔甘栗太郎賣店　265 N. Beretania St.〕
⑰理髪店・内間裁縫店（内間トヨ）
〔内間三郎　裁縫店　沖縄　263 N. Beretania St.〕
⑱タクシー・スタンド（立場）

アアラ街（ダイヤモンドヘッド側）

⑲アアラ靴店（ケネス長沢）
〔長澤八郎　アアラ靴店主　福岡　291 N. Beretania St.〕
⑳ホノルル座（主に日本映画）
㉑坂本商店

㉒クリーニング店
㉓理髪店
㉔岸井商店（主に日本食料雑貨）
〔岸井商店　1049 Aala St.〕
㉕レストラン
㉖吉永商店
㉗中国人靴修繕
❷〈和田玉場〉玉突き場
❷〈西浦〉理髪店

アアラ街（エワまたは西側）

㉚朝鮮人ホテル
㉛理髪店（下前、後に高岡）
〔下前軍助　理髪店貸家業　広島　1040 Aala St.〕
〔高岡直　理髪店主　熊本　1036 Aala St.〕
㉜山田商店・タクシー
〔山田清次郎　商店主　広島　1032 Aala St.〕
㉝花岡商店・タクシー
〔花岡タツノ　商店主　広島　1030 Aala St.〕
㉞石原時計店（後にリバー街近くのホテル街に、さらにビショップ街近くのホテル街に移り、最後にアラモアナセンターのホールマーク宝石店になる）
〔石原儀平　時計店主　広島　1026 Aala St.〕
㉟中華レストラン
㊱オゴソ商店
㊲前田レストラン
〔前田（眞榮田）山戸　洋食店主　沖縄　1014 Aala St.〕
〔前田（眞榮田）三郎　ウェター　沖縄　1014 Aala St.〕

オアフ鉄道会社に面する北キング街

㊳玉根シャツ製造（玉根幸三郎）
〔玉根幸三郎　裁縫店主　福島　316 N. King St.〕
㊴中国人漢方薬店
❹〈八島水店〉だるまや果物・飲料店（八島忠雄による経営）
〔八島忠雄　だるま屋商店主　広島　308 N. King St.〕
㊶中国人肉屋（キングとアアラ街の角）

アアラ連合に面する北キング街

㊷ベンソン・スミス薬局（キングとアアラ街の角）
㊸チャプスイ店（階上は大きなダンスホール、後に布哇屋旅館とルーズベルト・カフェ）
㊹呉服店（中国人経営）
㊺デュ・ドロップ・イン（中国人経営、２階は金栗写真館とカネオ歯科）
〔金栗八郎　写真館主　熊本　270 N. King St.〕

アアラ連合

㊻〈岩原商店〉（岩原竹登）
〔岩原竹登　商店主　広島　263 N. King St.〕
㊼サン・ロイ呉服店（チャン夫人）
㊽中華レストラン（高良幸次郎が経営し、後にスター靴店に変わった）
〔高良幸次郎　デリメン店員　沖縄　Kalakaua Ave.〕
㊾アロハ骨董店（河野磯松）
〔河野磯松　商店主　広島　251 N. King St.〕
㊿平和堂宝石店（アワムラ・トクヨシ）
〔平和堂時計店　247 N. King St.〕
(51)チョウズ呉服店（リチャード・チョウの父、後に前田勘司が経営した甘栗太郎）
〔前田勘司　甘栗太郎買店主　長野　1743 Kaumaulii〕
(52)菓子店

㊳中国人洋服店（後に岡崎洋服店、さらにパシフィック毛織物、森久保）

〔岡崎音治　洋服店主　福島　169 N. Hotel St.〕

〔森久保重槌　裁縫師　広島　1008 Isenberg St.〕

㊴小林呉服店（小林政一）

〔小林政一　商店主　山口　227 N. King St.〕

㊵佐藤服装店（佐藤太一、以前は小山商店）

〔佐藤太一　帽子店主　山口　223 N. King St.〕

㊶ライオン靴店（三宅、次に長沢、さらに松田）

〔三宅光次　靴店主　岡山　219 N. King St.〕

〔長澤八郎　アアラ靴店主　福岡　291 N. Beretania St.〕

㊷布哇輸入会社（以前は福田善一商店、ヒロの中本榮吉の所有で、岡本カメ夫人が支配人）

〔布哇輸入会社　社長中本榮吉　211-215 N. King St.〕

〔中本榮吉　布哇輸入会社　山口　ヒロ市〕

㊸〈赤星薬店〉

〔赤星薬舗　209 N. King St.〕

イウィレイ

㊹岡広自転車店（オートバイと自転車、後に長谷山洋服店）

〔岡廣自転車店　981 Iwilei Rd.〕

〔長谷山藤三　岡崎洋服店員　広島　169 N. Hotel St.〕

㊺レストラン（中国人経営）

㊻ハワイ毛織物会社（谷村松右衛門と息子の基弘による所有、後にマウナケア外近くの北キング街に移り、さらにフェア百貨店をベレタニアとフォート街に1932年創立した）

〔谷村松右衛門　布哇ラシャ商会社長　山口　1623 Democrat St.〕

〔谷村基弘　商会員　山口　1623 Democrat St.〕

㊼理髪店（本田夫人）

㊽タトウ店（フィリピン人経営）

㊾旭家具店（古明地利輔）

〔古明地利輔　旭家具商会支配人　山梨　963 Iwilei Rd.〕
㊺玉突き場

ベレタニア街

㊏丹誠堂薬舗（ベレタニアとリバー街の角）
〔丹誠堂薬舗　店主小河千次郎　Beretania & River〕
〔小河千次郎　薬店主　山口　172 N. Beretania St.〕
㊐佐藤時計店（ベレタニア街の丹誠堂薬舗の隣）
〔佐藤伊勢吉　宝石商　福島　168 N. Beretania St.〕

リバー街

㊌〈大久菓子店〉（ベレタニア街海側とリバー街の角、後に中国人食料・果物・雑貨）
〔大久義登　商店主　広島　N. Beretania St.〕
㊑嘉屋〈水店〉レストラン（日本食）
〔嘉屋禎蔵　飲食店　山口　1185 River St.〕
㊓クリーニング店（加藤）
〔加藤兵吉　洗濯業　福島　1186 River St.〕
㊔島屋商店（尾上ファミリー）
〔島屋商店　店主尾上久二　1187 River St.〕
〔尾上久二　島屋商店主　香川　106 Mild Lane〕
㊕空地（リバーとパウアヒ街の角、1930年代の半ばまで子供の遊び場）
㊖武居呉服店（リバーとパウアヒ街の角、武居熱血は有名な講談師）
〔武居熱血　呉服店主　山口　River & Pauahi Sts.〕
㊗〈米屋ホテル〉
〔米屋旅館　館主米屋三代槌　River St.〕
〔米屋三代槌　旅館主　山口　River St.〕
㊘中津〈商店〉トランク店（手荷物店）
〔中津貞雄　トランク店主　山口　1081 River St.〕
㊙理髪店

(77)〈尾縣〉時計店
〔尾縣武治　時計店主　山口　1049 River St.〕
(78)福寿亭レストラン（リバー街とホテル街山側の角、おいしい天婦羅と大きなかまぼこで有名）
〔大角寅吉　福壽亭主人　広島　Hotel & River Sts.〕
(79)〈山本〉精々堂薬店（ホテル街の海側とリバー街の角、支配人橋本萬槌）
〔精々堂商店　支配人橋本萬槌　Hotel & River Sts.〕
〔橋本萬槌　精々堂支配人　山口　2455 Maui St.〕
(80)理髪店（浜田）
(81)男性衣服店（リバーとキング街の角）

キング街

(82)長尾商店
〔長尾呉服店　支配人金澤寅之助　185 N. King St.〕
〔長尾健一　長尾商店主　広島　185 N. King St.〕
〔長尾太郎市　長尾商店主　広島　185 N. King St.〕
〔金澤寅之助　長尾商店支配人　広島　1237 Palama St.〕
(83)武蔵屋
(84)畑商店
〔畑呉服店　支配人中村精一　175 N. King St.〕
〔中村精一　畑商店支配人　広島　175 N. King St.〕

なお、番号が付されていない図 2 - 4 の上部の建物についての『布哇年鑑』（1928 年）の情報は以下の通りである。

〔村上茂　自動車修繕業　熊本　1214 Aala Lane〕
〔神州屋旅館　館主今中幾太郎　263 N. Beretania St.〕
〔加藤神社　1215 Hall St.〕

業種ではレストラン・菓子店などの飲食関係、洋服、呉服など服飾関係、

時計、宝石など装飾関係、理髪店、それに薬店が目立つ。図2-1の1911年頃と比べて玉場、水店が少なくなっている。出身県ではやはり広島、山口が多く、他に熊本、福岡、福島などがみられる。

　地名区にあったアアラ連合というのは、アアラ百貨店とも呼ばれたショッピングセンターである。1931年に作られた石造の建物のほとんどに日本人経営の商店が入っていた[11]。図2-4の㊻〜㊽の商店がこれにあたり、呉服・洋服・靴・菓子・薬店など様々である。ハワイの田舎から多くの日本人がここへ買い物に来ていた姿が目に浮かぶ。

　アアラ・マーケット（魚肉市場）は、アアラ連合と同じ区画内にあるがクイーン街（Queen St.）に面しており、1918年に設立した。もともとは日本人漁民が自分達の捕った魚を正当に取引できなかったので、ここで魚の競売の屋台を作って最初のビジネスを確立するために始まった。ここではおよそ30人の商人が屋台を持って市場を形成し、卸と小売を兼ねている。魚商人はほとんどすべて日本人で、牛肉のもとの供給者は中国人、豚肉は沖縄人である。商人達は肉、家禽、魚、野菜、果物を他の食料品店、レストラン、行商人、茶店、ホノルル港の船、ここに買いに来る消費者に供給した[12]。

　また図2-4の公園劇場については、1920年にアアラ公園のすぐ西側に中国人が経営する劇場として開場し「公園館」と名づけられたものである。後に、日本人の興行師がこれを借り受け、1921年正月興行から「日本館」と名づけて（図2-3）各種の演芸を催したり日本物の活動写真を上映したりして人気を集めた。女優の水谷八重子は義兄の水谷竹紫とハリウッド訪問の帰途ホノルルに立ち寄り、1926年7月この「日本館」に三晩出演し、超満員の観客を堪能させた。1934年に「公園劇場」と改称し、大戦中は「パークシアター」、そして1952年からは「日本劇場」となって松竹映画と契約してハワイの独占封切館となった[13]。

4．商店経営者の履歴について

　この地区に存在した80余の商店の経営者はどのような経歴の持主であったのか。当時に発行された曽川政男『布哇日本人銘鑑』（同刊行会、1927年）

などによって、その履歴が明らかになった人達について以下に挙げてみよう（番号は図2-4と一致。〔　〕内の西暦年と下線部分は筆者）。

❶**大島薬店**　店主大島喜三郎氏は意志強固の人にして当地に渡来して以来刻苦精励遂に現地位に昇進したる人にして、山口県都濃郡富田の人なり。氏は郷里に於て普通学を修めたるを以て当地着以来、家庭労働の余暇、<u>大に薬学を勉強して遂に薬剤師となり、薬店を開業せる人なり</u>。[14]

❶**森永千次郎氏**
氏は熊本県飽託郡川口村に生る。明治二十五年〔1892〕年渡航、布哇島パウハウに上陸各種の労働に従事し、後ルナ〔労働監督〕となり十二ヶ年勤続。<u>明治三十七年〔1904〕年ホノルル市ベレタニア街アヽラ公園角に馬具及皮細工等の工場を開設す。同胞中斯業の元祖として内外人の信用を博し居れり。原料を大陸より直輸入し廉価に製造販売す業務盛況を来す所以なり</u>。在布熊本県人会の評議員にして本願寺小学校に尽瘁せり。常に誠実を以て人と交際する正義の人なり。[15]

❷**岸井彦七**　山口縣玖珂郡柳井町
明治三十九年九月二十六日汽船日本丸にて来布した氏は加哇島カパア耕地に三ヶ年就働してホノルルに出でベレタニア街林商店に入り店員として三年半を過ごし大正二〔1913〕年現在場所に日米雑貨食料品商店を営業した、堅実の営業振りを以て知られてをりホノルル日本人商業組合の一員である。[16]

❹**岩原倉太郎氏**　藤田東湖は三十六回刀水を渡ると自作の詩中に誇っているが、我が岩原倉太郎氏が前後四十二回太平洋を往復したるに比すれば到底同一の比でない恐らく在布同胞中のレコード所有者であらう。而して岩原氏は之れ程多忙で活動的の人なのである。氏は目下ホノルル市キング街停車場前に堂々たる店舗を構え、広く内外人を顧客として盛大に金物類外別項記載の雑貨商を営んでいる。「岩原へ行けば何でもある」と世人に言はるる程氏の営業課目は広汎である。氏は広島市街己斐町の出身にて其渡布せしは明治二十一〔1888〕年で暫く労働に従事せし後小規模の雑貨店より漸次地盤を築き今日の盛大を来したのである。在布将に三十有余年此の

間太平洋を往復せしこと四十二回は前記如くにて氏が活動の一端を窺って知る事が出来る。今やホノルルの商店は令息竹登氏に一任し、倉太郎氏は広島に事務所を置き内地仕入に従事し相呼応じて隆盛を図って居る岩原商店の営業課目は左の如くである。

日米金物諸道具類　電気諸道具　板硝子ペンタ漆器陶器類　キチン道具　呉服反物　和洋雑貨文房具類　日米玩具類　履物類　旅行用具　仏壇仏具類　其他結婚用具。[17]

㊾前田勘司氏　出生　長野県東筑摩郡山形村　明治四十〔1907〕年渡布。

ホノルル日の出製麺会社支配人、カリヒなるアメリカ製麺会社支配人を経、一九二六年独立してベレタニア街に「甘栗太郎」商店を開き、支那産並に菓子類一切を販売す。其後北キング街に移転、発展して今日に至る。[18]

㊴小林政一氏　出生　山口県大島郡屋代村　大正二年渡布。

渡布前三菱合資会社若松支店勤務たりしことあり。着布後、精々堂商店、布哇清酒会社に勤め、一九一九年小林呉服店を独立開業、傍ら一九二六年来キースター式布哇裁縫専門学校を経営、業勢発展して今日に至る。[19]

㊵佐藤太一氏　出生　山口県都濃郡末武村　明治三十九〔1906〕年十二月二十一日渡布。

最初オアフ・カンツリー倶楽部に五年勤め、後、帽子洗濯所を開き、帽子輸入製造販売業に進展し、更に男子洋服装店を現在の場所に創めて、同業間唯一の既製洋服店として好評を博し、忽ちホノルル屈指の一大商店となった、資性温厚にして着実、商略に富む。[20]

㊷福田善一氏　原籍地　広島県山県郡筒賀村。

氏は明治三十二〔1899〕年四月来布した、加哇島に渡りケアリア耕地に半ヶ年就働し其後同島ワイルアで仲買商を営むこと三年にしてケアリア耕地に帰り賄業に従事した、明治三十八〔1905〕年ホノルルに成功の機会を求めて出府、ベレタニア街に雑貨店を開いたが間もなくキング街通りオアフ鉄道停車場前に移転した、此頃より氏の営業は日増し順調に向ひ数年を経てキング街アアラ公園前の新築石造建物に移り日米呉服反物並に男女被服付属品一切を販売する堂々たる商店を経営するに至った。[21]

㊾岡廣寛治氏　偉大なる体格と自転車及モーター・サイクルに関する深い

知識の所有者たる岡廣寛治氏は山口県吉敷郡小郡町の人、明治二十二〔1889〕年一月五日を以て生れ、郷里の中学校卒業後明治四十年二月渡布した。時に十八歳の一青年であった。布哇に於て活動するには英語を知るの要あるを見たる君は暫くパラマ・セツルメントに働きつつ傍英語の研究に熱中し後ホテル街村上商店に入店し商取引の実地を学んだ。明治四十五〔1912〕年停車場前の佐藤自転車店を買ひ受、岡廣自転車店と改称し後同く停車場前の新築石造家屋に移転したが、位置の良好なると君の如才なき商売振りに業務は大に栄えつつある、<u>近年自転車の外モーターサイクルの修繕及販売を開始したるは頗る先見の明ある遣り方にて大に成功して居る</u>。[22]

⑥1 **谷村松右衛門氏** 原籍地　山口県大島郡屋代村。

氏は商業の目的を以て明治三十二〔1899〕年八月八日に来布した、ホノルルに居住し商況視察中ペスト焼払事件に会しわずかに身を以てワイキキに逃れ荷物全部を焼却されて裸一貫となったが友人の勧めに従ひ白人家庭に勤めることになった、家庭労働に従事すること十二ヶ年、明治四十五年一旦帰国したが大正二年再渡航し同六〔1917〕年七月森藤定人氏と共に羅紗商を開業、同九〔1920〕年五月業務発展に伴ひ組織を株式会社に改めて布哇羅紗商会と称し、社長に挙げられて専念経営に当りて今日に至る、<u>布哇羅紗商会は邦人唯一洋服地卸商にして年々佳良の営業成績を示してをる</u>。[23]

⑥4 **古明地利輔氏** 現籍地　山梨県東山梨郡西保村。

氏は明治四十年三月布哇に来る、布哇島パパイコウ耕地に於て労働に従事すること一ヶ年にしてホノルルに出で布哇日日新聞社の事務員となり、林商店の店員となり更にオアフ島カハルウ、ストアに勤め、再びホノルルの人となり保険会社の代理人となり、家具商富士商会に働いたりした、<u>大正十〔1921〕年頃同志と協力して現在場所に日米家具商旭家具商会を創立し其支配人として敏腕を揮ひ以て今日に至る</u>。[24]

⑥6 **株式会社丹誠堂商会**　米国流の薬舗は単に薬品、売薬、医療器械等の販売のみに止まらず。化粧品、文房具。楽器、日用品、雑貨及煙草、写真器、清涼飲料をも販売し、宛然小規模の百貨店の観がある。此れ米国の国風として普通商店は毎日五時乃至六時を以て閉店するも薬店は夜を徹して開店し居るを以て自然各種の顧客を吸集するの故ならん乎、兎に角米国の

薬店は薬種一方にては充分なる成功を見るを得ざるが如し。株式会社丹誠堂商会は大正七〔1918〕年六月二十八日薬剤師太田勉氏及富田市太郎氏等発起人として同志を集め当初１万弗(ドル)の資本を以て開業し主として薬品及有効売薬の卸小売を営んだのであるが、業務日を追ふて隆盛に赴き営業科目も薬品以外に拡張し、化粧品、文房具、楽器、雑貨の卸小売を取扱って年々多大の利益を挙げ同商会の基礎は益々鞏固となった大正十年六月業務を拡張し資本金一万弗を二万五千弗に増加し同時に丹誠堂薬品商会の名称を株式会社丹誠堂商会と変更した。同店の地位はホノルルの大通路たるベレタニア街とリバー街角にありて小売店としては殆んど理想的である。而して島地には常に店員を派して卸売方面に活動して居る、同商会今日の繁栄は無論其着実なる取引顧客本位の商売振に由るは云ふ迄もないが又商会の役員が協力一致し所謂共和政体主義で社員何れも粉骨砕身同社成功の為めに努力しつつに由ると云はねばならぬ。[25]

㋘尾上久二氏　原籍地　香川県小豆郡西村。

氏は大正五〔1916〕年、小豆島丸島醬油会社員として商用のため来布した、要務を終わりて同年帰国し大正六〔1917〕年七月再び布哇の人となり同年八月リヴァ街に日米食料雑貨店島屋商店を開業して今日に至るが堅実なる経営振りを以て知らる。[26]

㋙武居熱血氏　山口県出身、現在ホノルル市リバー街一〇八〇に呉服店を経営して繁栄せり、氏は其の名の如き熱血男児にて第一世としての古参格たり、一たび壇上に起って熱弁を揮へば風雷俄に動くの感あり夙に各島を遊歴して其名高し、老後商業に従事。[27]

㋜中津柳太郎氏　原籍地　山口県玖珂郡川下村。

氏は明治三十五〔1902〕年布哇に来る、ホノルルにありて米屋旅館の事務員を勤むること数年、明治四十一〔1908〕年リヴァ街に氷店を開業し、雑貨商店をも経営した、明治四十四〔1911〕年トロンコ〔トランク〕専門の中津商店に改めたが商策図に当たりて繁栄を呈し、ホノルルに於て最も景気好き店舗の一軒となる、目下は郷里に滞在中家族は夫人チヨ、長男貞雄あり、貞雄氏はホノルルに在住して中津トロンコ店を経営してをる。[28]

㋝尾縣武治　山口縣熊毛郡室積町。

亡父梅太郎氏は、明治三十五年に渡布され、室積町町人会々長其他の公職をつとめ、各方面の為めに尽くされしが、惜しいことには大正十二年十二月十四日遂に他界せらる。[29]

㊆大角寅吉氏　広島市出身、多年<u>福壽食堂を経営</u>し調味上手と敏速に依り人気を集めて大繁昌、氏は気前好く且つ研究心に富み、毎年のやうに故国を訪問して新しい調理法を研究して来る。[30]

㊆精々堂薬品商会　店主富田政之助氏はホノルル商人成功者中の一人にして信用あり勢力あるビジネスマンなり。氏は今より廿年前布哇に来り。一時ヒロ市にあって薬店を営みしが後ホノルルに来りて現今の事業を経営し、次第に繁栄を来したるものにして、氏は山口県大島郡屋代村の人なり。[31]

㊆橋本萬槌氏　原籍地　山口県大島郡屋代村。

氏は明治四十一年一月五日来布し、ホノルル西村旅館の事務員たること二年、其後富田政之助氏等の経営する<u>精精堂商店に入り支配人として今日に至る</u>、新進の実業家にして商機を見ること敏に能く商界の趨勢を洞察して謬らず精精堂商店の今日ある氏の努力与って大に力がある。[32]

㊇畑貞之助氏　原籍地　広島県広島市堺町二丁目。

氏は明治二十七〔1894〕年布哇に来る、布哇島に於て耕地労働に従事せるも独立事業を志して商店員となり、馬車屋となり具差に辛酸を嘗む、明治三十四〔1901〕年の春、素志を果して布哇島ヒロに一商店を起し畑商店と称す、当初は微々たる一小雑貨店なりしも拮据経営の結果、営業繁栄、商運熾んとなり遂に<u>布哇屈指の輸入商</u>となりヒロの目貫通りフロント街に宏壮なる畑ビルディングを建築して卸、小売部を置き更にホノルルに驥足を延ばし食料雑貨卸部と呉服反物小売部を開設しヒロ本店は女婿香川勝次郎氏、<u>ホノルル支店は女婿中村精一氏をして支配経営の任に当らしめ</u>、氏自身は日本にありて大阪、広島両地の仕入部を統括し内外相応じて商会に活躍してをる。[33]

　人名鑑に掲載されている人物はおそらくある程度成功を収めた人物と考えられるが、それでもハワイにやってきて耕地で就労したり商店で修行を積んだりした後、店を開いた場合が多い。早い時期に来て成功した人は、息子な

どに経営を任せている。出身地では山口県出身でとくに薬店経営者が多い。広告で掲げた店も含め服装関係と薬品店が多いが、薬品店の場合は丹誠堂など現在のドラッグストアと同様で当時すでに薬品のみでなく、様々な物を販売していたことがわかる。

5．おわりに

　第2次大戦中、この地域の多くの商人たちが抑留されてしまったことは日本人社会にとって大きな痛手であった。戦後になって1947年に鉄道が停止し、市街電車も1953年に終わりを告げた[34]。また1959年にアラモアナ・ショッピングセンターが新しくできた。さらにダウンタウン再開発計画によりホノルル座と日本劇場は立ち退きを余儀なくされ1964年に閉館した[35]。こうしてアアラ地区の崩壊は1950年代から60年代にかけて徐々に進行していき、アアラ連合のビルも1973年に取り壊された[36]。

　筆者も2000年に1年間ホノルルに滞在して感じたことであるが、ダウンタウン地域は駐車スペースがほとんどなく、いわゆる現代の車社会においては非常に不便な地域になっている。このこともこの地区が衰退していった大きな要因であると考えられる。

　現在この地区はアアラ公園が広々として存在するが、アアラ連合のあった辺りに高層のアパートが建っているくらいで店らしきものはなく、昼間でも淋しい場所となって昔の面影がまったくみられないのが残念である。しかしこの地区が戦後にアラモアナ・センターができるまではホノルル最大のショッピングセンターであったことは間違いない。

【注】
1）　1899年の末、ホノルルでペストが発生した。衛生局は翌1900年1月20日に、感染拡大を防ぐため、患者の発生した家を焼き払ったが、折からの強風に煽られて火勢は四方に広がり、空前の大火災に発展した。延焼した一角には、中国人や日本人が密集して居住していたため、被災者の数は、日本人だけでも3589人が記録されている（『アロハ年鑑　第15版（1911〜13年版）』ハワイ報知社、40頁）。
2）　ジャック・Y・タサカ『ハワイ文化芸能100年史』（イースト・ウェスト・ジャーナ

ル社、1985年)、24頁。
3) Michael M. Okihiro, *A'ala: The Story of a Japanese Community in Hawaii*, Japanese Cultural Center of Hawaii, 2003, p. 13.
4) 米国国勢調査の第12次 (1900年) より第15次 (1930年) の数値による。
5) カナダの FIRE INSURANCE MAP (火災保険地図) について河原典史が「資料調査——火災保険地図の歴史地理学的活用」(『立命館言語文化研究』第18巻4号、2007年) で紹介しているが、管見ではまだこれを利用した研究はみられない。
6) 武居熱血『ホノル、繁昌記』(本重眞壽堂、1911年)、6頁。
7) 森田榮『布哇日本人発展史』(1915年、眞榮館)、325頁。
8) ジャック・Y・タサカ「思い出の写真で綴る古き良き時代のホノルルの劇場と映画館」(『EAST - WEST JOURNAL』2003年8月15日)。および前掲注3)、35頁。
9) 前掲注7)、323頁。
10) Oral History Recorder, *Newsletter of the Center for Oral History*, Social Science Reserch Institute, University of Hawaii at Manoa, Vol. 14, No. 2, p. 6.
11) 同前、pp. 1-3。
12) 前掲注3)、p. 25。
13) 前掲注3)、pp. 32-33。および前掲注8)。
14) 小野寺徳治ほか編『布哇日本人発展写真帖』(米倉彦五郎、1916年)、153頁。句読点は引用者。
15) 『布哇日本人年鑑 第拾貳回』(布哇新報社、1915年)、人物紹介。句読点は引用者。
16) 曽川政男『布哇日本人銘鑑』(同刊行会、1927年)、341頁。
17) 日布時事編輯局編『布哇同胞発展回顧誌』(日布時事社、1921年)、281頁。
18) 藤井秀五郎『大日本海外移住民史 第一編 布哇』(海外調査会、1937年)、下編 50-51頁。
19) 同前、49頁。
20) 同前、7頁。
21) 前掲注16)、274頁。
22) 前掲注17)、76頁。
23) 前掲注16)、151頁。
24) 前掲注16)、303頁。
25) 前掲注17)、50頁。
26) 前掲注16)、90頁。
27) 前掲注18)、97頁。
28) 前掲注16)、189頁。
29) 福田闌正『洋上の光』(布哇浄土宗教団本部、1934年)、119頁。
30) 前掲注18)、88頁。
31) 前掲注14)、163頁。句読点は引用者。
32) 前掲注16)、23頁。
33) 前掲注16)、38頁。
34) 前掲注3)、p. 66 および p. 74。
35) 前掲注8)に同じ。
36) 前掲注10)、p. 1。

第 2 章　アアラ地区における日本人街

写真 2-1　加藤神社
(出所) 小野寺徳治ほか編『布哇日本人発展写真帖』(米倉彦五郎、1916 年)、和歌山市民図書館蔵。

写真 2-2　イロハ自動車立場 (Auto Stand) ベレタニア街
(出所) 小野寺徳治ほか編『布哇日本人発展写真帖』(米倉彦五郎、1916 年)、和歌山市民図書館蔵。

（出所）日布時事編輯局編『布哇同胞発展回顧誌』（日布時事社、1921年）。

（出所）右と中上：日布時事編輯局編『布哇同胞発展回顧誌』（日布時事社、1921年）。
中下：日布時事社編『布哇年鑑』（日布時事社、1927年）。
左下：日布時事社編『布哇年鑑』（日布時事社、1928年）。

第2章　アアラ地区における日本人街

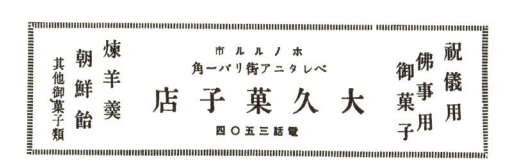

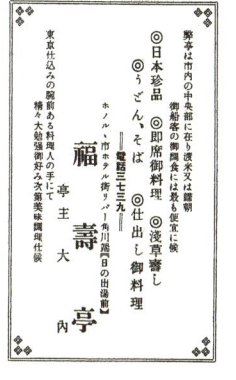

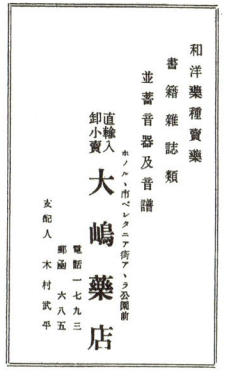

(出所)　村崎並太郎編『最新布哇案内』(布哇案内社、1920年)、左上のみ日布時事編輯局編『布哇同胞発展回顧誌』(日布時事社、1921年)。

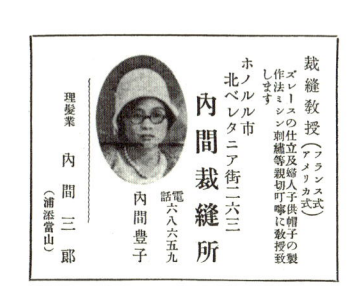

(出所)　大宜味朝徳『最近の布哇事情』(海外研究所、1932年)。

43

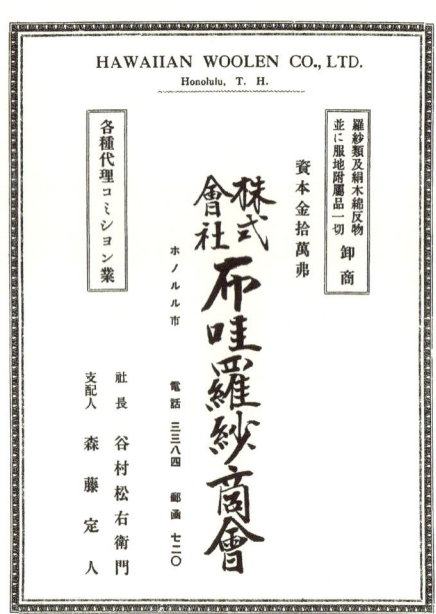

(出所）日布時事編輯局編『布哇同胞発展回顧誌』（日布時事社、1921年）。

第3章
モイリリ地区における日本人町

　モイリリ（正確にはMoiliiliモイリイリ）地区はワイキキの北側でハワイ大学のあるマノア地区から少し下がった所にある。ここには現在、ハワイ日本文化センターもあり、公園の真中に広島県の厳島神社を模した鳥居も建てられて、ホノルル市内のなかでわずかに日本人町の面影を残している地域である。ここには今から110年以上も前に日本人が住みつき、その後発展していった。例えば1930年の米国国勢調査によるとこの地区を含むマッカレー＝モイリリ地区には日本人が2911人住み、全体人口の77.0%を占めていた。この地区については、すでに『Moʻiliʻili: The Life of a Community』[1]をはじめ先行研究がいくつかみられるが、ここではハワイで発行された新聞記事や年鑑の住所録あるいは地図などをもとに、ここに住んでいた人達について、その職業や経歴について明らかにしたい。

1．発展の概要

　本節では、ジャック・Y・田坂「モイリリ日本人町100年の歩みを辿る」[2]で記された年表から主な出来事や人物に関するものを引用してこの町の発展の様子をみてみよう。

　1893〔明治26〕年　山口県出身の柏原喜八が夫人と2人の子供を伴い、ハワイ島コハラの砂糖耕地から、モイリリ・グランドの東側に定住する。モイリリに住み着いた最初の日本人といわれている。
　1897〔明治30〕年　福岡県人の松本菊太郎が養蜂業の有望なことに着目し、モイリリの土地をリースして養蜂業に着手したが、その土地は無尽蔵に石

塊が掘り出せる石山だったので、モイリリ・クオリイ〔石切場〕を設けて採石業〔ハワイ・バラスト社〕を創業する。

1900〔明治33〕年　ハワイがアメリカ合衆国のテリトリー〔準州〕となり、移民の契約労働が廃止され自由移民となったため、多くの日本人が砂糖耕地からホノルルに出て、モイリリにも定住する者が増えていった。

1903〔明治36〕年　モイリリ日本人学校が創設される。

1905〔明治38〕年　福岡県人の山口七蔵がハワイ・バラスト社に入社し、松本菊太郎に協力して建築請負に従事する。

1906〔明治39〕年　本派本願寺ハワイ別院に駐在の加藤哲勝・開教師の尽力によりモイリリに布教所が設立される。

　福岡県人の堤千吾が来布〔ハワイに来航〕し、モイリリ日本人学校で教鞭を執る。

1908〔明治41〕年　福岡県人の籾井安太郎がオアフ島ワイアルア耕地からモイリリに定住し、セメント工事、石垣築造業に従事する。

1909〔明治42〕年　山口県人の田中勇輔がモイリリで日本料理の店「東京亭」を創業する。

1910〔明治43〕年　1903年に沖縄移民とし来航した与原岩六が砂糖耕地で就働した後、モイリリに移り日本人として初めて養豚業に着手し成功する。

　1907年に福岡県から来布した秀徳源次郎が土木建築請負業を興し、モイリリに木材工場を擁して建築用品の販売や製造に当る。

1911〔明治44〕年　広島県から1908年に来布した胡子信一が材木の置場と製材所を設けて、材木商として盛業。

1914〔大正3〕年　山口県人・秋崎義司・社司が南キング街2202番地にモイリリ稲荷神社を創建した。

1918〔大正7〕年　モイリリ日本人学校を「モイリリ日本語学校」と改称。また熊本県出身の緒方数彦が4月に校長として迎えられた。

1919〔大正8〕年　広島市出身で1888年に来布した影佐熊太郎の長男で、広島県立商業学校を卒業した帰米二世・影佐司勝が日米雑貨食料品の「影佐商店」を創業。

1920〔大正9〕年　広島県出身の小林栄之助が土木建築請負業を始めて成

功。山口県出身の中村好太郎が「中村グラージ」を創業して自動車部品の販売に応じる。

1926〔大正15〕年　モイリリ・フィールド〔野球場〕の筋向いに「ホノルル・スタジアム」が完成し、戦前・戦後を通じての半世紀の間、スポーツの殿堂としてモイリリの新しいシンボルとなった。

1930〔昭和5〕年　モイリリのユニバーシティ・アベニュー〔大学通〕が開通・舗装される。

　広島県人・国宗小佐次郎が「モイリリ・ストア」を開業。また同県人・小田純二が経営する小田建築会社の新しいオフィス・ビルがモイリリの東端に竣工する。

1932〔昭和7〕年　広島県人・池田嘉一が「モイリリ・マーケット」を開業。

1939〔昭和14〕年　ユニバーシティ・アベニューに「バーシティ・シアター」が竣工・開館。

以上が、戦前までの主な出来事である。

2．主要人物の履歴

　第1節の年表中に太字で示した人物について、『布哇日本人銘鑑』などでその履歴を調べると次のようであった。以下それらの引用文である。なお国宗小佐次郎についてはモイリリに移る前までの経歴であるが、いずれもこの地域の発展に貢献した人達である。

松本菊太郎（菊三郎）氏　福岡県三潴郡鳥飼村出身。明治二十六年十月、二十九歳の頃に妻を伴って来布し、布哇島ハカラウ耕地で就労するが、妻の病気のためホノルルに出て、カリヒにあったボーンミル〔骨粉肥料〕会社の労働者となる。妻は日本に帰国させ〔後に離縁し〕、友人の紹介でカメハメハスクールの校長のタムソン氏から四十二ドルで蜜蜂を買い求め、モイリリに土地を借りて養蜂業を開始した。この商売が繁昌し二年半で四千

ドルの純益を挙げ、家屋を購入してモイリリに定住した。そして幸運にも家屋の背後の借地に奇岩を発見し、これを砕いて家屋の建築用の石材や道路の下敷用の砂利として販売したところ非常な人気となり、需要に応じて財を成した。また建築工事を請負い、明治三十三年頃から順調に発展し、白人を相手に大小の工事を手広く敏捷に応じて数年のうちに巨万の富を築いた。またホノルルに四か所の家屋を所有し、その家賃も年に千ドルを超えるといわれている[3]。

大正七〔1918〕年、彼は日本で死亡した[4]。

山口七蔵氏　原籍地　福岡県八女郡北川内村。

　氏は明治三十三年三月来布した、ホノルルにありて二ヶ年普通労働に服して後ち日米雑貨商店を経営すること三ヶ年にして松本菊太郎氏と協力し土木建築請負事業に従ひて十数年間種々な大建築物の工事に関与した、大正八年松本菊太郎氏病死後同家の事業財産の整理に非常なる尽力をした、公共心に富み明治三十五年モイリリ日本語学校創立の発企者にして連年役員に推され現に学務委員長である、其他布哇日本人協会の幹部として活動しモイリリ区長、東本願寺ホノルル別院副教団長、モイリリ青年会顧問、ホノルル教育会理事、学校問題試訴期成会理事として社会的に寄与大である[5]。

堤千吾氏　原籍地　福岡県久留米市京町。

　氏は明治三十九年十一月来布した、ホノルルにあってモイリリ日本語学校に教鞭を執ること一年、明治四十年五月布哇バラスト会社に入り土木建築請負業に従事す、現に同会社土木建築部の主任である、モイリリ日本語学校学務委員である[6]。

籾井安太郎氏　原籍地　福岡県嘉穂郡足白村。

　明治四十年十二月一日来布せる氏はオアフ島ワイアルア耕地に一年間労働してホノルルに出でモイリリに住居してセメント、石垣等の請負事業に従事して今日に至る、地方の有志でモイリリ日本語学校学務委員、ホノルル日蓮宗教団の役員に推さる[7]。

秀徳源次郎氏　原籍地　福岡県八女郡黒木町。

　氏は明治四十年一月布哇に上陸した、ホノルルに居ること二三年にして

建築事業に関係し遂に土木建築請負業者として身を立つることになった、工事請負の外にモイリリに木材工場を有し建築用品、家具等を製造しておる、日本人技工組合以来のホノルル日本人請負業者組合員で数次役員に挙げられた[8]。

胡子信一氏　原籍地　広島県安芸郡江田島村。

氏は明治四十一年三月布哇に来る、ホノルルにありて外国人家庭に働くこと約三ケ年にして令兄と協同建築請負業を開始し業務の発展に伴ひて材木部を設けた、其後令兄の帰国するや一切の事業は氏の個人経営となりモイリリなる南ベレタニア街の現在場所を購入し米大陸より材木を直輸入し材木置場には製材工場を設け日本人間唯一の材木商として盛んに営業しておる、毎日十六七人の職人、労働者を使用せるに徴するも営業振りを知ることが出来る、地方有数の事業家として知らるゝ氏は公共事業にも熱心で本願寺、モイリリ日本語学校、其他の公共団体に関係し役員として尽力しつゝある[9]。

緒方数彦氏　原籍地　熊本県菊池郡西合志村。

氏は熊本県第一師範学校を卒業し付属小学校の訓導として奉職していたが布哇より招聘されて大正三年五月二十日を以てホノルルに上陸した、馬ウイ哇島プウネネ日本語学校に教鞭を執ること一両年、ホノルルに出で総領事館の嘱託となったが大正七年四月モイリリ日本語学校長として就職以て今日に至る、教育界の幹部にして教科書編纂其他の事業に参与、尽力した[10]。

影佐熊太郎氏　原籍地　広島市河原町。

氏は明治二十一年来布、布哇島の耕地にルナとして働くこと数年、同三十年帰国、二年後再び布哇の人となったが二年にして日本に帰った、郷里広島市に於て封筒製造業に従事したが大正二年布哇新報社員として三度び布哇に来る、ホノルルに居住しケカウリケ街にレストランを開店したが大正八年モイリリに転居、大正十三年料亭東雲亭を経営して今日に至る、〔中略〕長男司勝氏は明治二十二年五月十三日布哇に生れたる日本人系米国市民にして八歳の時父に伴はれて日本に行き明治四十五年布哇に帰来、村上商店、本重商店保険部に勤めたが大正七年米国選抜徴兵に応じて兵役に服し翌年除隊となるやモイリリに日米雑貨食料品商影佐商店を起して今

日まで営業しておる、同氏は地方の新進人物で東部商業組合書記、モイリリ日本語学校役員、モイリリ青年会長として公共事業にも熱心である。[11]

小林栄之助氏　原籍地　広島県御調郡中庄村。

　氏は本姓宮地氏、小林家に入って養子となる、明治三十五年十二月来布、布哇島ナアレフ耕地に就働する二年にしてホノルルに出で米国人請負師キャンベル氏の配下に就働したが信任されて日本人部監督となる、キャンベル氏没後即ち今を距る二十年前独立して請負事業を開始し着々成功、多年モイリリに在住したが、ビンガム街に宏壮な邸宅を新築し大正九年移転、事務所を住所内に置き内外人の土木建築業界に活躍して今日に至る、日本人間有数の請負業者にして数十名乃至数百名の職人工夫を使用しておる、公共事業に熱心で永らくモイリリ日本語学校学務委員長に推され、曹洞宗別院顧問、モイリリ地方青年会顧問、広島県人会理事、出雲大社顧問、日本人技工組合役員として社会的貢献大である。[12]

中村好太郎氏　原籍地　山口県大島郡小松町。

　氏は明治三十年八月中旬布哇に来る、布哇島カウ、パハラ耕地に就働、二十年一日の如く精励し製糖場の仕事に熟練して重用せられた、大正五年一家族を挙げてホノルルに移り太平洋曹達水会社に勤めたが大正九年モイリリに中村グラージを開設し自動車用品一切販売、自動車修繕に従事し業務の発展に伴ひ現在場所に地所購入建物を新築し大正十五年四月一日移転、盛んに営業して今日に至る、〔中略〕長男永一氏は明治四十三年来布し令弟浅助氏と協力して事実上中村グラージの経営に当っておる。[13]

国宗小佐次郎氏　原籍地　広島県佐伯郡平良村。

　氏は明治三十九年九月、自由渡航者として布哇の人となりオアフ島ワイアルア耕地に八ケ月労働してホノルルに出でホテル街の藤井商店に勤めて六ヶ年を過ごした、大正元年日本を訪問し同年帰布、キング街大島呉服店に入り数年後独立商業を営むため同店を辞し大正九年イヴェリー通り鳳梨会社前に国宗商店を開業し日米雑貨食料品の販売に従事して今日に至る。[14]

小田純二氏　原籍地　広島県山県郡壬生町。

　一九一〇年に現在の建築請負業に進出したが氏はコンクリート建築に独特の技量を有し、事業は年を遂ふて隆昌に赴き、一九三〇年には株式会社

に改組して愈々発展の域に達した。従来既に幾多の大コンクリート建築を完成し、今やコンクリート建築界の一大権威者である。[15]

　主要人物の傾向を探ると、当初は松本菊三郎のハワイ・バラスト社に連なる福岡県出身の人達が中心で、土木建築関係の仕事から材木業へと進み、さらに商店や自動車業を営む広島、山口県出身者が増えてきたことがわかる。

3．1909～20年におけるモイリリ地方の日本人

① 1909年頃の日本人名鑑にみる日本人

　ハワイのキリスト教系の日本語新聞である『ひかり』第102号（1905年9月）の記事で、マキキ教会が独自に行った調査によるとモイリリ地方には当時378名（男217名、女161名）の同胞がいた。

　林三郎『布哇實業案内』（コナ反響社、1909年）の「第6章　布哇在留日本人名鑑」のうち「ホノル丶市外之部」で「モエリイ」に96名（有職者）の名前が挙がっている。実際には明治41年（1908）年末期に調査したものとある。まず彼らの職業別の内訳は養豚45名、薪7名、商業6名、荷車4名、鉄工・養鶏各3名、野菜・請負・牛乳商・養蜂各2名（1名は省略）で、養豚はほかとの兼業の者を含めると52名となり、過半数を占める。これをみるかぎり当時は養豚の町といえよう。出身県別では山口56名、広島16名、熊本11名、福岡10名（1名は省略）で、これも山口が圧倒的であった。このことは当初の柏原喜八の影響があったかもしれない。

　なお、第1節に登場する人物名は柏原（請負）のほか、松本菊三郎（養蜂）、山口七蔵（商業）、田中勇輔（飲食店）と、胡子信一の兄である胡子國松（貸家）の5名にすぎない。松本が養蜂業ということは採石業がまだ本格化していない時期と思われ、石工は1名にすぎない。また、次の1911年頃の地図（図3-1）中の人物と考えられるのは40名で約半数近くである。地図の上の方は養豚業者がほとんどであり、鉄工は鍛冶屋（田坂・近藤・梶廣）で、田中飯屋、山田理髪店、中本商店などとともにすべて主要街路に面している。モイリリは当時まだホノル市の郊外で、都心部に豚などの畜産物を供給する

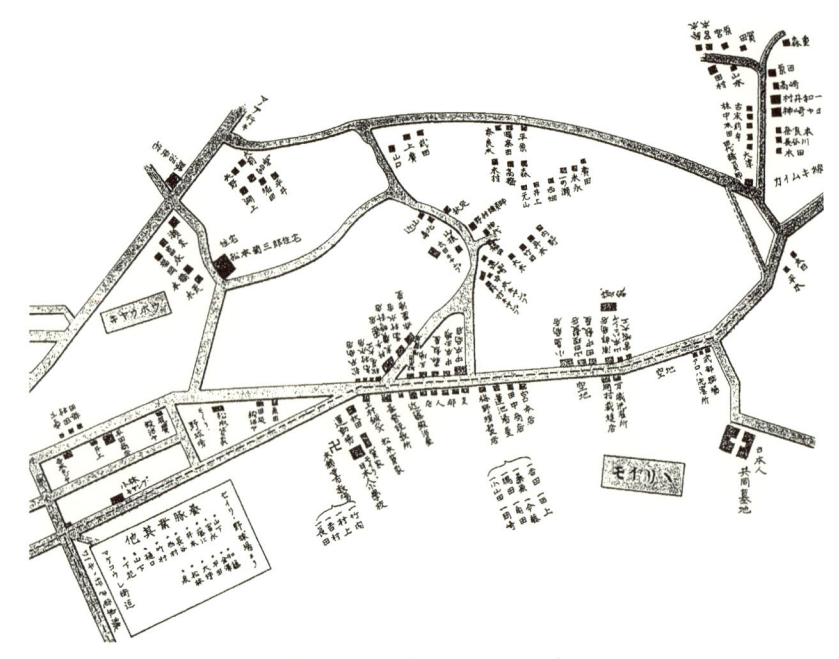

図3-1 1911年頃のモイリリ地方
(出所) 武居熱血『ホノルル繁昌記』(本重眞壽堂、1911年)。

農業地域であり、商店などはそれほどみられなかった。

② 1911年頃の地図にみるモイリリ地方

　図3-1は武居熱血『ホノル、繁昌記』(本重眞壽堂、1911年) に収められている地図である。武居熱血の『ホノル、繁昌記』についてはすでに第2章でも紹介したが、これはモイリリ地方の日本人の分布を示すものである。

　当時すでにモイリリ日本人小学校、本願寺布教所、日本人共同墓地などが存在し、貸家キャンプ、商店、湯屋、鍛冶屋が目立つ。そしてベレタニヤ街に沿って商店が並んでいる様子がわかる。個人の建物としては松本菊三郎の住宅がかなり大きく記され豪邸をうかがわせる (写真3-5参照)。また山口 (七蔵) と思われる住宅もみられる。

　なお同書の「モイリ、地方に於る日本人」という紹介文では、次のように紹介されている。

第3章 モイリリ地区における日本人町

表3-1 モイリリ日本人職業別統計

順位	職業	人数	順位	職業	人数
①	大工	23	⑬	園丁	7
②	養豚	18	⑮	野菜業	4
③	(商)店員	13	⑮	花園業	4
③	労働	13	⑮	白人雇	4
⑤	農業	9	⑮	禦(馭)者	4
⑤	荷馬車業	9	⑮	雑業	4
⑦	(家庭)奉公	8	⑲	理髪店員(主)	3
⑦	事業(家)	8	⑲	乳屋働	3
⑦	石工	8	⑲	自働車運転士	3
⑦	(土木建築)請負師(業)	8	⑲	自働車業	3
⑦	ペンタ職	8	⑲	日雇	3
⑦	石割(工)場働	8	⑲	果樹栽培業	3
⑬	コック	7			

(注) 2人以下のもの省略。
(出所)『布哇日本人年鑑(第十七回)』(布哇新報社、1920年)の「在布哇日本人々名録(ホノルル市)」より筆者作成。

　モイリ、地方に在住する同胞の多くは独立業者にして、今養豚に従事するものすら数百人あり。其他請負師、野菜屋、花卉栽培、荷馬車業、幷に商業家、労働者等と数え来れば其数、男女小児合して実に三千有余人の多きに達し、又本願寺布教場あり、独立日本人小学校あり、去ればこの地方の繁昌なること推して知るべし。(句読点は筆者)

　この時期に日本人が3000人というのはかなり大げさと思われるが、ホノルル郊外のこの地区にかなりの日本人が住みついていたことがわかる。

③ 1920年の日本人年鑑にみるモイリリ地方日本人の職業

　『布哇日本人年鑑(第十七回)』(布哇新報社、1920年)の「在布哇日本人々名録(ホノルル市)」に記載されている人達のうち住所がモイリリとなっている人物の職業と出身地を調べたところ、次のような結果を得た。
　まず出身県であるが、多い順に山口69人、広島62人、熊本45人、福岡

42人、岡山6人、福島・愛媛各5人、和歌山4人、宮城・新潟・長野・福井各2人、神奈川・島根・高知・沖縄各1人であった。1909年頃と比べて広島、熊本、福岡が伸びており、やはり広島、山口、熊本、福岡の4県が多く沖縄県が少ない。第2節でみた有力者に福岡県出身者が多かったが、全体としては4位である。全体人数は250人であるが、広島・山口の両県のみで過半数を占めている。

　また、住所がモイリリとなっている人々の職業の内訳は表3-1のようであった。とくに大工、養豚、石工関係の仕事（石工および石割場働）が目立つが、1909年頃に比べ養豚が減っている。全体として農業地域からやや都市化が進み労働者の集住する近郊住宅地域の様相を呈し、まだ商店はそれほど多くはなかったと思われる。職業と出身地との関係では、あまり密接なものは見出せなかったが比較的特定の県に偏っている例としては、大工が23名中、山口11名、広島8名、その他4名で、石割（工）場働は8名中、熊本5名、福岡2名、その他1名、ペンタ（ペインター）職は8名中、山口5名、その他3名、請負師は8名中、福岡4名、広島2名、その他2名で、このうち福岡には第2節で登場する堤千吾、広島では小林栄之助も含まれる。

4．1922年頃のモイリリ地方の様相

　ハワイの日本語新聞である『日布時事』は1922年当時、「地方訪問記」と題して日本人の集住地域について連載していたが、同年9月11日（第7463号）で「同胞の発展著しき・モイリリ地方・約二千名の同胞居住す（一）」と題して同地方を紹介している。

　「モイリリ地方」といへば連想するものは石割工場と石槌神社と稲荷さんと盆踊等であったが、発展しつつある今日は、そんなものより特に青年会が地方覚醒の為めに努力している事が目に就いて来た然らば現今のモイリリ居住同胞の生活及び活動振りは如何であるといふに〔中略〕。
　先づ同胞多数が商店を開ひている処から紹介する。末廣商店、村上水店、小山水店、阪田商店、西口肉屋、前田薬店、影佐商店、中村商店、梯自転

車店、畑裁縫店、野田商店は魚屋もしている。西畑商店、濱田スターベカリー、松本パン屋、豆腐屋、山田商店、安達理髪店、瀬戸理髪店、もう一軒で四軒ある。其から東洋写真館、松本オートスタンド、モイリリ、オートの二個所、松本商店、中村グラージ、松本石切場の畑中石切屋、鍛冶屋は大村、田坂、小川、大空蹄鉄、高實パイプ屋、金村の諸氏が居る。東雲亭は田中さんの経営である、又山口馬糧店もある。

　土木請負業者としては、野村、小田、岡崎、鈴井、原口、道休、弘中、荒川の諸氏が居る。花作り業者は牛尾、本山、上野其の他四五軒もある。養豚業者は秋貞、山近、柳田、小山田、田ノ上、金森、一ノ瀬、原田、宮川の諸氏が熱心にやっている。そしてモイリリ野球グランドを中心としては、大宮商店、西口商店、田中商店其の他多数ある。殊にヤング街が突ぬけてベスボース〔ママ〕グランド迄届いたのは、モイリリ発展の一部分と見てもよい。

　東本願寺、西本願寺の布教場もありお互ひ一般同胞信仰者の為めに〇〇〔解読不能〕しつつあることも悦ばしい一事である。亦基督ではヤング奥村氏が習慣に二回或ひは三回宛同胞姉弟の覚醒を計るため出張し、カイムキのフランク、クック氏の関係あるモイリリ幼稚園に於て説教しつつあることもモイリリ発展策の一つである。殊に同地方は主に日本語学校を中心として文化の為に向上を計り、何事があっても学校中心に活動しつつあるので其れを見ても発展が解るのである。

　モイリリ地方には二千名近くの同胞が居住している。其の中には住宅のみとしている人もあり、白人家庭奉公人男女五六十名もあり、それに右に記載した如く事業家も多数あり、薪屋商売している荒川、稲葉、神代氏などあり、ズレーやツラッカーを商売としている清水、竹田、新宅、藤岡、荒川、渡邉、弘中、原、金森の諸氏が居り、凡て自分の職務の為め、人の為、社会の為に努力して発展策を講じて居るといふ同胞の心裡と思想が如何に変化し向上しているかも考へて見られるのである。

　同地方同胞は日語学校を中心として何事にも向上発展を希望しているが学校当事者は緒方校長、学務委員長は小林栄之助氏、副委員長は平田氏である。其の他父兄は総ておもだちたる人々であるが、殊にモイリリ青年会

では眼醒ましい活動振りを発起している将来は社会覚醒即ち社会奉仕に与かるものは青年の力に依らずして何ぞやと言ひたいのである。同校の学生児女は500名余に達して居るといふ。〔以下略〕

　文中のズレーは女子洋服専門店、ツラツカーはトラック運転手と考えられる。
　下線は第2節で紹介した人物で、太字の山田商店は第1節の年表中には出てなかったが、『布哇日本人銘鑑』に掲載されているので、ここで紹介しておく。

山田新太郎氏　　原籍地　広島県安佐郡三川村。
　明治三十三年一月十七日布哇の人となった氏は馬哇島ナイク耕地に労働し日本人商店に勤めたが同年十二月布哇島ヒロ、カウマナ耕地に四年間働き明治三十八年ホノルルに出でカパフルに養豚業に従事すること十一年間、其傍ら同地に馬具店を経営していたが大正八年日米雑貨食料品商山田商店を開業し全力を此営業に注いで濺いで今日に至る、地方の有力家で東部商業組合長、モイリリ日本語学校会計、モイリリ西本願寺理事長、布哇日本人協会理事、布哇中学校常務委員として公共事業に尽力しておる。[16]

　なお、同年発行された日布時事編輯局編『布哇同胞発展回顧誌』（日布時事社、1921年）の広告をみると、東部商業組合のメンバーとして、モイリリからは山田新太郎のほか、西口正之助（西口商店）、影佐熊太郎（影佐商店）、田中永太（田中商店）、平田定省[17]の名がみえる。同書には、他に実業家・村上一八[18]、請負師・宮尾岩次郎、馬糧商・山口鶴吉（記事文にあり）、産婆・石田壽惠[19]、理髪並に裁縫店・山田清六、雑貨食料品商反物帽子類直輸入・坂田商店（3章末の広告参照）、産婆・山形イト、請負師・倉下藤七[20]、同・大谷一郎[21]の広告が掲載されている。

　平田商店と山田理髪店は前の記事文にはみえないが、図3-1には登場する。ほかに同図にみえる記事文中の商店、人物として田中商店、末廣商店（時計店）、野村請負師、神代、秋定（貞）・山近・小山田・一ノ瀬（養豚）がある。

56

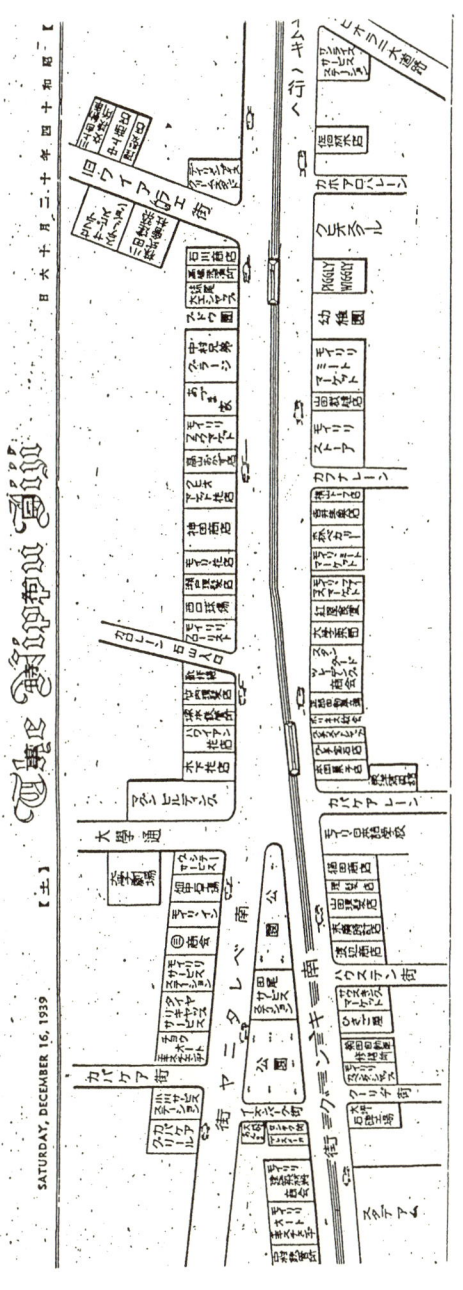

第3章　モイリリ地区における日本人町

図3-2　1939年のモイリリ日本人商店

(出所)『日布時事』1939年12月16日。

野村請負師については、『布哇日本人年鑑（第拾貳回）』(1915年) に次のような人物紹介がみられる。図3-1中の野村キャンプも彼の貸家と思われる。

野村喜平氏

　氏は福岡県三井郡宮の陣内村に生る。明治29年自由渡航ホノルル府モイリヽに貸家及ステーブルを建築し、数台の大荷車を有し、数十名の職工人夫を督し、土木建築請負業を経営せり。業務倍々旺盛なり。氏は内外人に信用を博し全地方公共事業にも大いに尽力しつゝあり。[22]

5．1939年におけるモイリリ日本人商店街

　1940年頃になると道路も整備され、住宅や商店が増えてホノルル東部の日本人町として発展していった。その頃の様子を物語るのが、『日布時事』(1939年12月16日) の商店の地図 (図3-2) を含む以下の記事である。真珠湾攻撃の約2年前の年末クリスマスの頃で、見出しは次のようになっており、以下本文へと続く。

　　モイリリ日本人町大売出し繁昌記
　　地方買い物中心地としての真面目を完全に発揮
　　自動車スペース沢山値段大勉強
　ローカル・ショッピング・センターとしてのモイリリ日本人町の発展は目覚しく最近の殷盛は驚異に値する、殊にクリスマス、年末大売出し期間に当っては益々其の本領を発揮しているが之と云ふのも同町が買物中心としてあらゆる商品が揃っているからである。
　堂々一流の食料、雑貨、服装品店が各数軒である、立派な薬局があり、写真館がある、時計宝石店、食堂、ベカリー〔ベーカリー〕、生魚店精肉店等ホノルル市中何処へ出しても遜色なき商店が軒を連ねて居る、完備したサービス・ステーション数軒あり、自動車奉仕に技を競てる、水店、理髪店、玉場、果物野菜店がある、花屋は数軒あり新鮮な生花が馥郁として華を誇ってる、娯楽機関としてはホノルル最新の常設映画館が聳え設備に於

て豪奢を謳はれてる、宴会パーテーには「あづまや」が街の中央部に構へて二百数十人を容る大宴会場を擁し、忘年会、新年会、結婚披露宴に大勉強してる、サイミン（ハワイ発祥のラーメンによく似た麺料理）・スタンドもあれば便利な軽便食堂もある、洗濯所もあればタキシーもあるし、他地に無い石工店もあり、大工工場もある、斯く枚挙して来るとモイリリ日本人町では揃はないものはない、其の上交通の要衝に当り、街路は広く、自動車パーキングに場所が十分あって、時間の制限がなく心配がない、地方人は勿論のことカイムキ、ワイアラエ、マノア方面からの顧客を吸引する意味がここにある、其の上どの店も薄利廉売顧客奉仕の念に燃え、どこにも負けない大勉強振りは益々此処モイリリ日本人町の繁栄を招来するものである。

続いて著名な商店を紹介しているが、その前にモイリリ日本人町が発展してきた過程を次のように述べている。

モイリリと云へば其昔は石割場を中心とした日本人区域で街路も狭く、ペーブ〔舗装〕されて居らず、又多くの同胞商店も明朗性を欠いた所謂場末であった、それが道路の拡張、各商店の新築と拡大、それにカイムキ、マノア、カハラ方面の顧客を受けて東部の下町たるの観を呈して全然昔の面目を一新している、モイリリ日本人町は、一、二の外人商店を除き日本人が独占しているのも心強い。

主な商店として次の店を紹介しており、店名と主な内容は以下の通りである。このうち中村兄弟グラージは第1節に登場した中村好太郎の2人の子息、モイリリストアは国宗小佐次郎、モイリリマーケットは池田嘉一がそれぞれの経営者である。また、末廣時計店は図3-1にもその名がみられる。

モイリリ自動車交換所：中古自動車売買
中村兄弟グラージ：グッドリッチタイヤの特約販売店、自動車付属品の一切が揃う

モイリリフラワー・マーケット：贈物の花籠・花輪、クリスマスツリー・
　　フラワー
　モイリリストア：食料、呉服、服装品、雑貨、オモチャ類
　モイリリサービスステーション：グッドイーヤタイヤおよびチューブの特
　　約販売店
　サンライスサービスステーション：グッドリッチタイヤの特約販売店
　モイリリ・イン：サンドウィッチ、サイミン、ワンタンミン、大晦日ソバ
　モイリリマーケット：食料品
　大学薬局：万年筆、化粧品、チョコレート、写真器、オモチャ、文房具、
　　アルバムなど高尚な贈答品の本家
　福屋おかず店：御馳走の本家
　吉井生魚店：布哇、日米産の魚類
　東洋写真館：クリスマス、新年に一家揃った記念写真
　森ベカリー：クリスマス・ケーキの注文
　あづま家：〔前頁の引用文とほぼ同じ〕
　猫田商店：生魚、日米食料品、酒類
　末廣時計店：時計、結婚指輪、文房具、電気器具類、売薬各種

　これらの商店はいずれも広告を掲載している（章末広告参照）が、ほかに次の商店が広告を出している。

　木下花屋：新鮮な切花、植木鉢、クリスマス花
　神田商店：日米食料品、雑貨、小間物化粧品、服装品、和洋呉服、流行ヅ
　　レス地
　モイリリ・ミートマーケット：店主直営の養豚場より豚肉、其他牛肉野菜
　　果物類
　紅屋食堂：正月餅、ロースチキン、すし、そば、サイミン、スキ焼、支那
　　料理

　この時期は自動車交通の発達により、図3-2にみられるように道路が整

備され、ホノルル市東部地区の交通の要衝となり、駐車場も十分あって、ダウンタウンのように時間の制限がないので好都合というのである。そこでとくに自動車関係の店が目立っている。また花屋も多いが、「モイリリフラワー・マーケット」の経営者である大久保長吉について調べると、彼はマノア谷に住み、次のような経歴の持主であった。「新潟県北蒲原郡加治村に生れ、明治三十九年五月来布、各種の事業に携わって奮闘し、昭和の初め現在の地に花作業を始めて今日に至る」[23]。第4章でも述べるがモイリリ近くのマノア谷はこの時期、近郊農業が行われ日本人が花などを栽培し、モイリリで販売していたのである。

また、薬局や時計屋などはそれ専門の店ではなく、ほかに様々な商品を販売していたことは興味深い。「あづま家」は経営者が田中とあり、第1節の年表にある1909年創業の「東京亭」のことと思われる。ハワイ大学に向かう大学通りにできたばかりのバーシティ・シアター（大学劇場）もみられる。

6．おわりに

現在、ハワイ大学のキャンパスから2000年に「NHKのど自慢」が行われたアリーナなどの体育施設や駐車場のある区域に向かって歩くと、崖のような切り立った所があり、そこが昔、石切り場であったとのことである（64頁の写真3-1参照）。今は誰も気がつく人はいないが、一時期、切り取った石が日本人の生活を支えていたのである。さらにキング街まで下っていくと、通りに面して今でも花屋が数軒残っている。また、1931 MOILILI-MARKETと正面に書かれた大きな建物も残されており[24]（64頁の写真3-2参照）、その隣に幼稚園が今も存在する。その近くには日本料理の店や食材店もあり、筆者はハワイ大学からの帰途この食材店でよく買い物をする。ベレタニヤ街とキング街に挟まれた三角形の公園には鳥居が建てられたが（65頁の写真3-3参照）、その傍らにはモイリリに最初に住みついた柏原喜八を記念した石碑があり（65頁の写真3-4参照）、100年以上前からここに日本人が住み着いた証拠が残されている。公園内にあったスター・マーケットは残念ながらなくなってしまったが、ベレタニヤ街に面して、ハワイ日本文化セン

ター（Japanese Cultural Center of Hawaii）の立派な建物が建っている。ここにはハワイの日系人の歴史に関する常設の展示館があり、昔の商店などが再現され、生活用品や写真などが並べられている。しかし今のところあまり見学者がないようで残念である。

　このようにホノルルのなかでは唯一、日系人の生活の面影を残しているのがこのモイリリ地区である。ハワイには多くの日本人が観光で訪れるが、ワイキキのすぐ近くにあるこの地区の存在をもっと観光客にアピールし、実際に現地を訪れて日系人の歴史を肌で感じてもらう工夫を考えるべきと筆者は思う。

【注】
1）　*Mo'ili'ili: The Life of a Community*, Mo'ili'ili Community Center, 2005.
2）　ジャック・Y・田坂「モイリリ日本人町100年の歩みを語る①〜⑤」（『East - West Journal』2003年1月15日〜2003年3月15日）。
3）　島田軍吉編『布哇成功者實傳』（布哇日々新聞社、1908年）、ホノルルの部5-8頁、「松本菊三郎君」。
4）　川添樫風『移植樹の花開く』（同刊行会、1960年）、177-178頁、「一代で百万長者の松本菊太郎伝」。
5）　曽川政男『布哇日本人銘鑑』（同刊行会、1927年）、239頁。
6）　同前、165頁。
7）　同前、375頁。
8）　同前、368頁。
9）　同前、304頁。なお小野寺徳治ほか編『布哇日本人写真帖』（米倉彦五郎、1916年）、86頁の写真キャプションに、「胡子國松氏は広島県安芸郡江田島村鷲部浦の産なり明治三十四年六月渡布し大に就働して蓄財をなし一時帰国せしも大正元年六月再び渡布の上建築用材古材木亜鉛板其他の販売業を営む傍ら請負業に従事し数多の人夫を使役し甚だ繁忙を極めつつあり」とあるのは彼の兄のことと思われる。
10）　同前、92頁。
11）　同前、115頁。
12）　同前、293頁。
13）　同前、175頁。
14）　同前、215頁。
15）　藤井秀五郎『大日本海外移住民史 第一編 布哇』（海外調査会、1937年）、下編20頁。
16）　同前、234頁。
17）　日布時事編輯局編『布哇同胞発展回顧誌』（日布時事社、1921年）、68頁。

18) 同前、92 頁。
19) 同前、96 頁。なお前掲『布哇日本人発展写真帖』126 頁の写真キャプションに、「宮尾岩次郎氏は広島県安佐郡三川村古市の□渡布以来刻苦精励大に蓄財の上ホノルル市モイリリに大なる家屋を建築し請負業に従来し内外人を華客に盛に業務に勉励しつつあれば営業日を遂ふて盛大に赴き内外人の信用高し」と紹介されている。
20) 同前、109 頁。
21) 同前、282 頁。
22) 『布哇日本人年鑑（第拾貳回）』（布哇新報社、1915 年）、人物紹介。句読点は引用者。
23) 前掲注 15)、88 頁。
24) 図 3-2 では、モイリリ・ミート・マーケットが 2 ヶ所みられるが、右側の方がおそらくモイリリ・マーケットの間違いで、ここに古い建物が残されている。

写真3-1　ハワイ大学キャンパスに残る石切り場の跡
（撮影）2011年8月原寛氏。

写真3-2　モイリリ・マーケットの建物
（撮影）2011年8月原寛氏。

第3章 モイリリ地区における日本人町

写真3-3 厳島神社を模した鳥居、右奥の高い建物がハワイ日本文化センター
（撮影）2011年8月原寛氏。

写真3-4 柏原喜八とシカを記念した石碑
（撮影）2011年8月原寛氏。

写真3-5　松本菊太郎氏邸
（出所）小野寺徳治ほか編『布哇日本人発展写真帖』（米倉彦五郎、1916年）、和歌山市民図書館蔵。

ホノルル市モイリリ
理髪並に裁縫店
山田清六

熊本田尻製　産前産後血の道薬
布哇一手販売元
雑貨食料品反物帽子類直輸入
ホノル、市モイリリ
坂田商店
電話七九一九一
郵函　七六六

（出所）日布時事編輯局編『布哇同胞発展回顧誌』（日布時事社、1921年）。

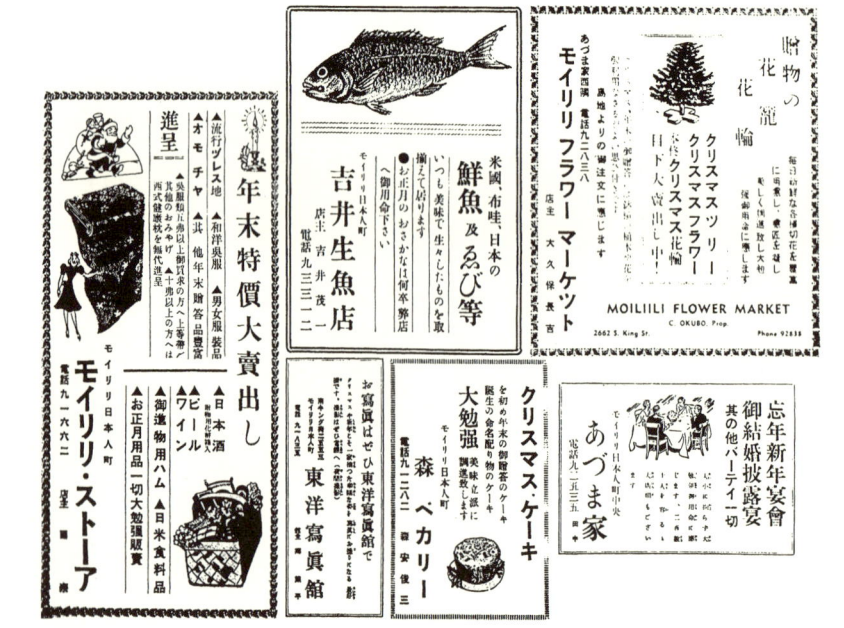

年末特価大賣出し
モイリリ・ストーア
電話九一六六二
モイリリ日本人町

吉井生魚店
店主　吉井茂一
電話九三三一二
モイリリ日本人町

米國、布哇、日本の
鮮魚及ゑび等

モイリリ フラワー マーケット
店主　大久保長吉
あづま家四滿　電話九二六三〇
MOILIILI FLOWER MARKET
2662 S. King St.　C. OKUBO, Prop.　Phone 92638

贈物の花籠
花輪
クリスマスツリー
クリスマスフラワー
クリスマス花輪

東洋寫眞館

クリスマス・ケーキ
森ベカリー
電話九一二六一
森安俊三
モイリリ日本人町

大勉強
美味な餡に
調製致します

あづま家
電話九二三五四
モイリリ日本人町中央
忘年新年宴會
御結婚披露宴
其他パーテイー一切

（出所）『The Nippu Jiji』（1939年12月16日）。

第4章
近郊農業地区マノアにおける戦前の日本人

　ホノルル市のマノア地区は前章で紹介したモイリリ地区の東北側にあたり、山に近く渓谷の様相を呈しており、今でも田園風景の残る地域である。ここに戦前から日本人が多数居住し、主に野菜や草花を栽培してホノルルの市場に出荷していた、いわば近郊農業地域であった。本章では、マノア地区について書かれた書物や当時の新聞記事、日本人年鑑あるいは彼らが残した日誌や回想記などを利用して、ここに住んだ日本人がいつ頃からどのような生活を営んでいたかを明らかにしたい。

1．マノア地区の概況

　まず、1920年発行の『最新布哇案内』（布哇案内社）で当時のマノア地区のあらましについてみてみよう。

　【マノア谿】（一名虹の谷）　　市の東方に当って居る。頗る伝説に富んだ谿で、<u>今は白人富豪の住宅地と成て居る。其家屋と庭園は何れも華麗を競ひ、宛然一大公園の感がある</u>。殊に道路の完備せる事はホノルル市一等で、下町抔には容易に、比すべき処がない。此谿に入ると、緑の色まで鮮かに生き生きとし、幽邃云ふべからざるものがある。そして、七八月の交は並木のボーケンベリアの花が、万緑中に真紅を染めて居る。ホノルルに於て一番雨の多い谷で、従って名物のお天気時雨が多く、虹を毎日のやうに見せて居る。緑の色の美しいのも、此雨の為めであらう。そして四時暑気を感ぜず、寧ろソゾロ寒さを覚ゆる気候のよい処である。
　マノアを遊覧せんとする者はマノア遊覧は自動車に越したものはない。

けれど馬車亦可、電車共によいのである。電車なれば只其一線の空気に接するの外はない。それでもマノアの風物に酔ふ事は出来る。下町から電車で遊ばんとするものは、先ずプナホー行に乗るのである。〔中略〕マノア行は此処で乗り換へるのである。〔中略〕それに乗ると、直ぐに風致がよくなって来る。或る人が之れから奥が人間の住む処抔と、皮肉った話さえある。実に何とも云へない、涼しい風が吹き、身が引緊まって来る。清い景色に打たれて十分計りも走ると、終点に達する。谿はまだ奥へ深い、が、<u>終点からは住宅が少なくなって、同胞等の野菜園で充たされ、田園生活者計りである</u>。徒歩で行けば三四十分で、其谷のドン底に達する。路傍にはオヒアの野生樹が繁茂して、八九月の候になると盛んに実を結んで居る。[1]（下線は筆者）

マノア地区は市の東方にあり、中心部のダウンタウンとは違って田園風景が広がり、さながら避暑地のようで、当時は白人を中心とした富豪の邸宅が並んでいた。また日本人も谷の奥の方で野菜などの栽培に従事していたことがわかる。

図4-1は武居熱血『ホノル、繁昌記』（本重眞壽堂、1911年）に収められている地図のうち、マノア地区についてのものである。当時は谷奥の方は住居がほとんどなかったためか、モイリリに近い部分のみ住宅が記載されている。しかしそこも白人の邸宅が所々に点在し、日本人の家もまだわずかであることが読み取れる。また、マノア日本人小学校が官立の小学校のかたわらにすでに存在している。なお同書の「マノア地方に於る日本人」という紹介文では、次のように記されている。

マノア地方は気候清涼にして、且つ見晴しのよき地なるを以て近年白人の此地方に住居する者多し。現在白人の住宅が何軒あるか面白半分に調べて見ると丁度百軒ある。之等白人の家内労働に従事する同胞を又調べて見ると男百弐十人、女八拾人、合計弐百名。それから弐百の同胞が一ヶ月に白人より貰受の給金が四千弗で、一人平均拾八弗に当って居る。其外、野菜屋、養豚等の独立業者が約百名、全体で三百名の同胞在住者がある。

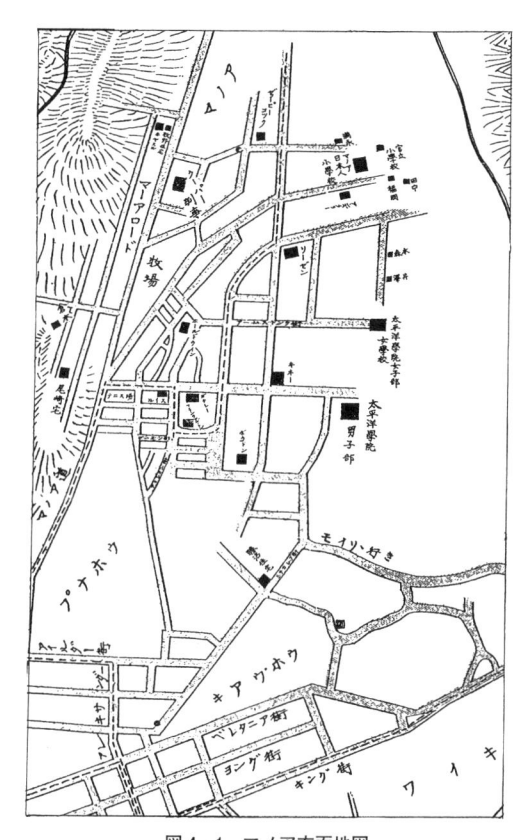

第4章　近郊農業地区マノアにおける戦前の日本人

図4-1　マノア方面地図
（出所）武居熱血『ホノル、繁昌記』（本重眞壽堂、1911年）にもとづき原寛氏が作図。

（句読点は筆者）

　地図には示されていないが、この地方に当時すでに300人の日本人が住んでおり、主な仕事は白人の家内労働であった。

　1920年代になり日本人を中心にして次第に人口が増加していった。1930年の米国国勢調査によると山に近い上部マノア（Upper Manoa）地区で日本人は1089人で全体人口の46.7％、またモイリリに近い低地マノア（Lower Manoa）地区では2260人で全体人口の47.8％を占め、いずれも半数近くが日本人であった。

2．20世紀初頭の日本人

①『Manoa: The Story of a Valley』にみる日本人と日本語学校

まず上記の英文の書物によって、この地区への入植の経緯と日本語学校の設立についてうかがい知ることができる。

東マノアの日本人と日本語学校

　一世と呼ばれる日本人移民の最初の世代は、最後の主要なエスニック・グループとしてマノア谷に移ってきた。日本人より先に来た中国人と同様に、ある一世達は砂糖プランテーションを離れて、当時アジア移民に開かれた職業を探そうとしていた。農業や家畜の飼育、熟練・未熟練労働の勤め口、家庭奉公などである。マノアに最初にやってきた日本人はおそらく世紀転換期の頃であり、一世夫婦がマノアに来て、カレッジ・ヒル地域の新しいハオレ〔白人〕居住者の家庭奉公人として働いた。プランテーションを離れるやいなや男達は雑役夫や庭師となるいっぽう、彼らの妻は料理人、子守、洗濯人として仕えた。これら一世の家族の多くは子供の時に次のようなことを覚えている。プランテーションの時には食卓に塩魚しかなかったが、雇い主の家からの残り物として時々、ローストビーフやハムを楽しんだ。

　耕作する機会が限られていたマノア谷の中央に住んだ日本人は、しばしば東マノア・ロードの店や家庭奉公からの収入を得た。1917年に生れマノアに長く住んでいたある日本人は、現在ノエラニ・スクール〔図4-2の欄外下中の辺り〕のある地域にあったマグーン・キャンプという日本人居住地で育った。彼の父はパロロ谷から数家族の雑役夫になるためにやってきた。母は洗濯を引き受けた。彼は思い出していった。「本当にそれで私達の生計を立てていました」。他のマノアの住人は洗濯屋の独特の臭いを覚えている。マノアでよく降る雨のため、洗濯物は家のなかや軒先で乾かした。「これら洗濯女の家の多くは2層であった」とマグーン・キャンプの住人は思い出していった。「階上部分は家族用で、踏み固めた地面の階

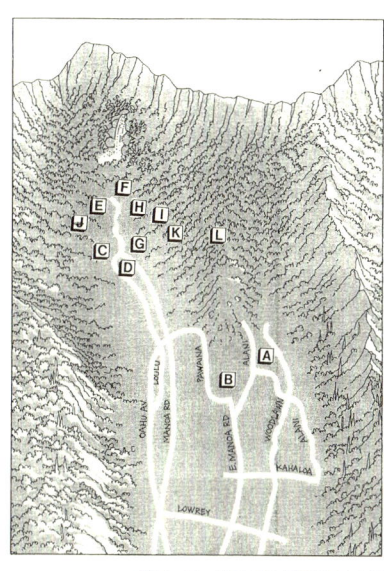

第4章　近郊農業地区マノアにおける戦前の日本人

A — Woodlawn
E — Lyon Arboretum
I — Mānoa Trails
B — Mānoa Chinese Cemetery
F — Agee House
J — Birds of Mānoa
C — Japanese Farmers
G — Mānoa Stream
K — Wa'aloa
D — Ka'ahumanu
H — Rebellion of 1895
L — Kahalaopuna

図4-2　UPPER MĀNOA VALLEY（上部マノア谷）
(出所) Charles Bouslog, *Manoa-The Story of a Valley*, Mutual Publishing, 1994, p.186 より。

下部分は洗濯物を干すためにあった。その臭いは土のようであった」。洗濯物は息子たちによって手押し車で集められ、配達された。

　二世である日本人の子供達は、日本語学校と同様にアメリカン・スクールに通ういっぽう、彼らの両親を手伝うことを義務として期待された。マグーン・キャンプで育ったある二世は、マノア〔アメリカン〕・スクールの後、日本語学校に行かされたので、午後は3時以降に始まった。

　〔中略〕マノアにおける最初の日本語学校は1910年、13家族が一緒にリリオカラニ信託から借りた東マノア・ロード沿いの土地で創立した。創設者の1人がオキムラ・コウイチで、マノア日本語学校の管財人として、また長年にわたって学務委員会の委員長として尽力した。彼の息子のケンジら10人の子供達は結局、日本語や文化を学ぶ放課後の学校に通った。学校は1910年11月3日に12人の生徒で始まった。東マノア・ロード2804で、木造の建物、2クラスで設立した。マノアの二世の急激な増加につれ、学校も大きくなった。1923年では170人の生徒と3人の先生がいた。1931年には、谷に推定で1000の家庭があり、そのうち800が白人で10の中国

人、日本人の家族は173に増えていた。多くの家庭では7人かそれ以上の子供がおり、日本語学校は必然的に土地の範囲と設備を拡大した。

　1929年、日本語学校は借りていたマノアの土地を買う機会があった。しかしながら、その地所をいつどのように購入するかをめぐって二つのグループの間で意見の相違が起こった。一派閥が分離してマノア平和学園という別の日本語学校を設立した。新しい学校はハウパラ通りに取得した地所に位置し、もとの地所から200ヤードしか離れていない。生徒の約半分は新しい学校に去って行った。

　教育の重要さは有益な結果となった。マノア・スクールと同じように日本語学校へ出席して、二世は高い動機を与えられ、野心的な世代となった。1931年にハワイ大学に登録した1046人の学生のうち、395名が日本人の血統であった。[3]〔以下略〕（〔　〕内は筆者。筆者訳）

　以上の記述は、主に低地マノアについてのものと思われる。20世紀の初頭にこの地にやってきた日本人は白人家庭の奉公人として働いた。次第に日本人が増えて1910年に日本語学校が設立された。図4-1にみえる日本人小学校のことであろう。1931年における日本人の家族数173は、おそらく前述の国勢調査の低地マノアに相当する地域の数字と考えられる。なお、文中のオキムラ・コウイチは山口県出身の沖村幸吉のことと思われ、『防長人士発展鑑』（1936年）によれば、原籍地は玖珂郡柳井町（現在の柳井市）、現在地はホノルル市東マノア、職業は花作業となっている。[4]

② 1909～12年の日本人名録にみるマノア地区の日本人

　『布哇日本人年鑑（第八回）』（布哇新報社、1910年）の「在布日本人々名録」に記載されているなかでホノルル府のマノア在住者はわずか6名しか見出せない。うち勝沼富蔵（移民局通弁および獣医）と尾崎商店の尾崎三七（食料雑貨金物酒類卸商）の2人は当時の有名人でマノアに住宅があった。1911年の地図（図4-1）にも彼らの住宅がみえる。勝沼住宅はモイリリに近く、尾崎宅は西側の山麓である。また同地図の奥の方にみえる牧野住宅の持主は布哇報知社長の牧野金三郎であるが、この時の職業は薬店主で店の住所はホテル

街となっている。その他、日本人慈善会理事、白人コック、農園業が各1名である。ところが第3章でも紹介した『布哇實業案内』は前年の1909年に発行されているが、その「布哇在住日本人名鑑」でマノアには32名の人物が記載されており、先ほどの人物とまったく別である。これは前者が低地マノアの主要人物のみを掲載し、後者は上部マノアの主に農業者を調査したためと思われる。後者の職業別の内訳は、野菜19名、野菜・花作3名、花作、養豚・野菜、養豚各2名、芭蕉（バナナ）作、養鶏、野菜・荷車、牛馬商各1名で、野菜関係が圧倒的に多い。出身県別では熊本と山口が各15名でほぼ2分しており、和歌山と広島が各1名である。

また『布哇日本人年鑑（第拾回）』（布哇新報社、1912年）の人名録でホノルル府のマノア在住者は15名である。前述の勝沼と尾崎は含まれるが、他の4名はみられない。図4-1中の澤井は2名記載され、1人は尾崎商店員、もう1人はペ（イ）ンタ師で、いずれも広島出身とある。その他の日本人は白人コック3名、農園主3名、牛乳搾・荷馬車業が各2名、庭園係が各1名である。やはり白人の雇用と農業が主である。出身県では山口の5名が比較的多い。

3．1920年代以降の状況

① 『Manoa: The Story of a Valley』にみる日本人農家

日本人は次第にマノア谷の奥、つまり上部マノア地区に居住するようになり、1920年頃から主に農業に従事した。その有様を前節と同じく標記の英文の書物の記述によってみてみよう。

マノア谷の日本人農家

マノア谷の中央東区画に入植した日本人移民は家庭奉公や小事業で生計を立てた。砂糖耕地から来た他の一世は独立農業に従事した。ビショップの地所が1920年代にマノア谷の西側の奥2～4エーカーの小地面の賃貸を始めた時、これら一世は少ない所得を市場向けの野菜や花の栽培業者になるのに賭けた。1920年代の小さなT型エンジンや他のタイプのトラッ

クの大量生産により、自動運搬具がマノア日本人農業を可能にし、農民は容易に生産物をホノルルのダウンタウンに運搬することができた。

1931年までにおよそ200の日本人家族がマノア谷に住み、そのほとんどが野菜や花の栽培に従事していた。市場向け野菜園は1～4エーカーであった。そこにはまた3人の日本人の酪農業者がいた。そのうち2人はマノア谷でミルクを売っていた。マノアにいるこれら200家族の日本人は、谷の西側の涼しく雨の多い奥の方で日本人農家と家族の小さな「居留地」を作り始めた。最奥の中央部にはバナナ栽培場があり何人かのフィリピン人が耕作していた。中国人が中央部のタロイモ畑を通常は借地で、徐々に管理するようになった。しかしながら中国人のタロ耕作者の多くは実際には谷に住まず、定期的にダウンタウンの中華街から通勤していた。対照的にイワサキ・ファミリーのシゲトとヤエジュは他の多くの日本人家族と同様、子供達と一緒に1925年から1956年まで上マノア谷に住み耕作した。

シゲト・イワサキは1896年に生まれ1902年日本からハワイ島に移住した。妻のヤエジュは1900年に生まれた。シゲト・イワサキは1919年にプランテーションを離れて1年後ヤエジュと結婚した。1925年までにイワサキ夫妻はマノア谷に来て、そこで3エーカーの借地で7人の子供を養った。シゲトはこう回想している。「私は大根、人参、さや豆、洗いも、ごぼうなど野菜のみを栽培しました。私達は夜に起きました。2時頃にはリバー街の卸売市場の注文に応じるために出発して走り下りました。家に戻るのは6時頃から7時頃でした。それから私はいつもカレッジ・ヒル地域で庭仕事に行っていました。私達は最初荷馬車で、後には私達のトラックとなったスター・セダン型自動車でダウンタウンに行きました」。

一世の農民は多くの自助共同体の堅い結束を作り上げた。「私達はNorth Manoa Farmer's Association〔北マノア農業組合〕を持ちました」とシゲトは説明した。「そこで定期的に会いました。その目的は暴風雨の後、橋や家が被害を受けた時など、お互いに助け合うためでした。私達は皆一緒に岩や丸石を集めて片付けました。最初65人の会員がいました」。

シゲト・イワサキが作った上マノア谷の日本人居住者の地図は、1930年代に89家族が住んでいることを示していた。多くは1915年頃の早くか

第4章　近郊農業地区マノアにおける戦前の日本人

ら住んでいた。1910～15年に来た人達はランタナが深く覆っていたのをみたが、イワサキが来た時までにはそれはなくなっていた。近所の息子の１人が後に有名になった。アリヨシの家族は第２次大戦中にイワサキ家の上手のバナナ地域に引っ越してきた。「若いジョージ・アリヨシはのちの州知事です」。ゲール・イワサキ・カゲヤマは思い出した。「彼はマノア・スクールに行かず、マッキンレー高校に行った。すぐに学生団体の会長に立候補しました」。

　農場の仕事はすべて両親によってなされたわけではなかった。「7人の子供達は農場で一生懸命に働きました」と、シゲトは強調した。「いつでも、彼らは学校から帰って、パン２個を食べ、仕事を始めました」。

　子供達はマノア・スクールに行った。その後、マノア平和学園に行き、日本語学校には他の時間に行った。農場での仕事は午後４時からスタートした。多くの二世の子供達と同様に、イワサキ家の子供達はマノア・スクールで英語のファースト・ネームをもらった。ゲールは次のように説明する。「1928年に、このようなファースト・ネームは強制でした。私達はこれが（ハワイ）準州法であると告げられました。イワサキ家の子供達は本当にアメリカの名前をつけました。ダニエル（ボーンに因み）、アンドリュー（大統領に因み）、ベンジャミン（フランクリンに因み）、リチャードという名前が、生まれた時病院で与えられました。私達は大統領ほど目立つことをしませんでした」。

　イワサキ家の子供達の外出の多くはお金を稼ぐことと関係していた。ゲールは次のように述べている。「私達はくちなし、ひな菊、生姜で作ったレイを卒業式の時に売りました。私達は腕にレイをかけて歩道に立ちました。戦没将兵記念日には共同墓地に花を売りに行きました。いつもベレタニア街とプナホウ街の角に立ち、通行人に花束を呼び売りしていました。時々は一軒ごと花を売り歩きました。歩道にあるマンゴーを盗んで家に戻りました。私達は走るのが速かったのです」。

　「感謝祭の間、両親は息子達を連れて山に入り、赤い西洋ヒイラギの実、ときわ木、ティ〔セイネンボク〕の葉をクリスマスのリースの準備のため取りました。クリスマスの日には皆でシライシさんの後ろの山に行き、ハ

ープ〔シダの葉〕、竹、ユーカリの葉を取って、新年に食べる餅の下に敷くモロバ〔両葉？〕を作りました。私達は西洋きょうちくとう、松、竹、を探して、お寺の正面入り口に置かれている祭壇の花や門松を作りました。他の家族と一緒に新年に向けての行事として餅をつきました。幾人かが餅を大きさに切って、他の人が形を作った。私達はとても面白かったです」。

シゲト・イワサキにとって一年の特別行事がお正月であった。「毎年、私達は農家の中央にあるテントのなかで新年会をやりました。後にはムラモト家の土地の大きな部屋でやりました。私達はその土地を借りて建物を建てました。私達の仲間は年に一度ずっと新年会で会っています。最近はウィステリア・レストランです。話、若い世代が来ること、音楽、歌、おいしい食べ物、たくさんの喜び。私達はよくピクニックをしましたが、仕事が忙しいからといってキャンセルしたことはありませんでした」。

もう一つの娯楽は写真であった。イワサキ家にはカメラがあり、家の近くに暗室があり、写真現像の手順を知っていた。彼らはマノアの過去の歴史資料に役立つ多くの写真を撮っていた。

食料を購入するために金を工面したわけではなかった。イワサキ氏は、マノア・ロードの5番目の角にあるフジセ商店で、毎月100ポンドの米を2袋と時々六つの塊のパンを買ったことを記憶している。ゲールも記憶しているように、「私達は土地からなる物はどんなものでも食べました。大豆、さつまいもなど、自分の家の庭から良い食料がとれたのです。私達は鶏肉以外の肉をそんなに食べませんでした。卵や大根も食べました」。

電気が1935年にイワサキ農場にきた。電話は1940年代半ばに取り付けられた。料理は木を燃やすストーブで行った。周りにたくさんあった材木の薪を使った。結局、便所は家のなかと外の両方に持った。快適さはイワサキ家に徐々にやってきたが、郵便配達はなかった。子供達が日本語学校から郵便物を持って帰った。

ヨシカワ家は上マノア谷で1926年から農業を始めた日本人家族であった。イワサキ家の土地の上手で今のパラダイス・パークのすぐ近くである。彼らは8～10エーカーの急勾配の土地を耕し、1人の女の子と4人の男の子の家族を養った。彼らは1939年に農業をあきらめて、ウッドローン

の入口にあるプハラ・ライズに引っ越し、イースト・マノア・ロードに給油所を開いた。

　上マノア谷のイワサキとヨシカワおよび他の87の日本人家族は、みな大家族を養い、ホノルルに野菜と花を供給するのに大いに貢献した。彼らは今〔20〕世紀の前半の間、肥えたままの土地を保った。その土地は最初3ヶ月、その後は毎月ごとの借地契約であった。

　マノアの人口が増加し住宅不足が土地の価格を押し上げたために、農地としてよりも土地を分割して利用する方がより有益となった。マノア・ロードから分かれオアフ大通りの奥にあるプカオマオマオ地域にあるいくらかの農地は、早くも1948年に新しい地域になった。20年以内に郊外居住者がほぼ全部、日本人農家に取って代わるだろう。彼らがマノアの変幻きわまりない過去に消えていくように。[6]（〔　〕内は筆者。筆者訳）

　文中の郵便物については、例えば前掲の『防長人士発展鑑』（1936年）をみると、マノア地区に住む山口県出身者の住所（連絡先）が「東マノア日本語学校内」または「北マノア平和学園」となっているのは、広い地域内で個人の家に郵便物が配達されなかったことを示しており、この記述を裏づけるものである。

② 「北マノア農業組合」の記録にみる日本人農家

　北マノア農業組合（North Manoa Farmer's Association）については、日本からやってきて上部マノア谷に住む農民達によって1920年に設立された。彼らはお互いを知る必要があったし、まさかの時に助け合う必要があった。例えば、葬式の助け合いや豪雨の時の洪水を防ぐために石の壁を助け合って作る必要があった。そして主な年中行事として、全部の家族による世代を超えた新年会があった。

　この組合の記録が保存されており、1920年から1974年まで日本語で、1975年から1986年まで英語で書かれている。例えば、設立当初（1920年）の日誌によると組合の役員は次の通りである。

表 4-1　マノア日本人職業別統計

順　位	職　業	人　数
1	野菜業	26
2	農業	20
3	園丁（庭園働）	13
4	奉公	11
5	家庭奉公（女）	10
5	菜園業	10
7	労働	8
8	バナナ栽培業	5
8	雑貨商店主	5
8	商店（会）員	5
8	（白人）コック	5
8	事業	5
13	花園業	4
13	大工	4
15	養豚業	3

(注)　2人以下のもの省略。
(出所)『布哇日本人年鑑（第十七回）』（布哇新報社、1920年）の「在布哇日本人々名録（ホノルル市）」より筆者作成。

組合長：竹下鶴彦
副組合長：西猪之作
書記：上野傳蔵
会計：中野秋太郎
監査：村本鉄蔵
評議員：村上仙太郎、小林彦次郎、脇坂招次、上野巳之次、井ノ本宇太郎、井田寅蔵

　会長の竹下は、前章の『布哇日本人年鑑』(1912年)ですでに村本鉄蔵とともに農場主として名前が出ている。発足当初の会員は55名とあり、前節文中のシゲト・イワサキは岩崎重人と思われ、メンバーの1人である。また56名（後の入会者を含む）の原籍も記載されているが、県別でみると熊本20名、広島12名、山口11名、福岡5名、愛媛3名、新潟2名、岩手・富山・鹿児島各1名である。竹下や岩崎も熊本の出身で、熊本県出身者が中心的な役割を果たしていたと考えられる。

③ 1920年の日本人年鑑にみる職業と出身地

　『布哇日本人年鑑（第十七回）』（布哇新報社、1920年）の「在布哇日本人々名録（ホノルル市）」に記載されている人達のうち住所がマノアとなっている人物の職業と出身地を調べたところ、次のような結果を得た。

　まず出身県については、多い順に熊本55人、山口38人、広島25人、福岡9人、福島6人、新潟・沖縄各5人、愛媛3人、神奈川2人、岩手・宮城・京都・島根・大分・鹿児島各1人であった。やはり熊本、山口、広島、福岡の4県が圧倒的に多いが、沖縄県が少ないのが注目される。全体人数は154人であるが、熊本・山口の両県のみで60％を占めている。

　また、職業の内訳は表4－1のようであった。とくに野菜業・菜園業・バナナ栽培業・花園業・養豚業など農業関係が圧倒的である。また、白人家庭で働く仕事が目立つ。全体として近郊農業地域の様相を呈し、商店はほとんど目立たなかったように思われる。

　職業と出身地との関係では、とくに多数を占めていた熊本出身者については、野菜業が11名、農業が9名、菜園業が6名と多くそれぞれ全体の約半数を占めている。また山口県出身者も野菜業・農業が各5名で最も多く、花園業は全体4名のうち3名が山口県である。

　なお、前項の北マノア農業組合の記録にみる56名の会員のうちこの人名録に記載されているのは24名である（一族と思われる者も含む）。うち役員であった竹下、西、村上など4名は菜園業、小林、脇坂など6名は野菜業、村本、2人の上野、井ノ本、井田など7名が農業で、中野はオアフ生産会社会計とあり、この農業組合に関係のある会社と思われる。ほかに花園業、バナナ栽培業、養鶏業や雑貨商、事業、運転士などもみられるが、農業以外の仕事のものについては職業を変更したことも考えられる。例えば、運転士とあった大久保長吉については、第3章で紹介したように、各種の事業に携ったのち、マノアで花作業を始め今日に至ったとある。そして1920年当時は運転士をしていたものと思われる。花園業については、すでに森田榮『布哇五十年史』（眞榮館、1915年）に次のようにみられる。「熱帯国の一なるも布哇は四時貿易風の爲めに住み能き常夏の地にして、草花の如き其種類も亦甚だ多し、布哇に於ける之等の生花栽培業は日本人の独占する所にして、花園専

業として相当の成功を遂げし者も亦尠からず、而して斯業栽培者の多くはホノル、附近にして、野菜栽培業の副業として栽培するもの亦多し、花の種類は多けれども就中カーネーション、バイオレット、ローズ、百合花、アスター等は重なるものにて、日本種類も尠からず、殊に日本菊の如き良品を出せり」[7]。また、バナナ栽培業の岡部喜一（山口県）および矢野熊太郎（福岡県）は『布哇日本人発展写真帖』（1916 年）に彼らの農園の写真とともに次のように紹介されている。「経営者矢野岡部両氏は明治三十九年三月渡航ホノルル府マノアに於て芭蕉栽培業を経営し目下一万数千株ありて年々多大の利益を収めつゝあり」[8]。

4．1922 年発行の日本語新聞記事にみるマノアの日本人

当時の日本語新聞である『日布時事』の 1922 年 9 月 19 日（第 7470 号）とその翌日の 2 号にわたり、巡回記者による地方訪問記のシリーズでマノア地方が取り上げられた。それを以下に掲載する。

『日布時事』第 7470 号（1922 年 9 月 19 日）
　美しい自然に恵まれた
　マノア地方在住者
　独立事業家も多く邦人は約一千人在住す【一】

　マキキハイトの右側から眼下すると、マノアは一の箱庭式ガーデンである。家屋の構造、緑色を呈した庭園、四角六角に区切られたるアスファルトの道路、赤、青、黄、白の種々様々に咲き満てる花、其所に絶えず通へ居るマッチ箱の如くに見える電車、おもちゃによく似た黒いものがよく馳走するのは自動車、之れ即ち生ける且つ動く一幅の絵画である。
　山と山とが丁度蹄鉄型になり、其の奥には二三條の瀧が見える。其の流れはマノアの中間を通り右に迂回してモイリリに落つ。道路は右と左に分れ奥へ奥へと進んでいる。<u>奥へ入るに従ってタロ田があり草原があり牧場があり野菜畑があり花畑がありバナナ畑がある。タロ田と牧場を除けば、</u>

第4章　近郊農業地区マノアにおける戦前の日本人

あとは全部同胞の経営にかかる花であり野菜でありバナナであり秣である。或は養豚家あり養鶏家あり牛乳搾乳所がある。之れ皆同胞の汗と油と力との賜であらねばならぬ。

　名にし負ふマノアの夜のにじは、世界唯一の虹姫の出現として、二重三重に橋とかかるので有名である。其の有名なマノア谷に同胞が約一千名近く居る。事業家が六七十名。家数が約二百余軒。而してマノア地方は五区に分割されている。先づ第一区内には、上下がある。即ち北マノアと南マノアである。先に下のマノアから紹介せんに、現在の区幹事は林氏である。林氏は牛と鶏を飼っているが記者の訪れた際は、可愛らしい子牛に乳を与へていた。

　「さうですね、此の近傍には廿五六軒あります」と快く答へた。即ち藤瀬商店を初め、秣を刈っている中村、自動車運転手の比嘉、パイプ仕事をする片嶋、川上の両氏、大工職の吉岡、増田の両氏、野菜屋の両中村、其の他事業家日雇人も多数あるが名を列記せば荒川、神山、岡谷、池田、樽本、高見、楠野、二ノ宮、藤本、松村、草村、市山、渡邊、梶川、西岡の諸氏がそれぞれ自分の職業或は他人の仕事に従事して居る。それより北マノアに到れば野菜作り業者が多い。

　区幹事は西伊之助氏である。同氏はマノア瀧の下に居住しているので中々遠い。何時も中間の脇坂氏宅集会すると云ふことで同氏を訪ふ。相にく留守中で他の人に問ふ。野菜業としては、村上、竹下、松本、宮本、池上、平嶋、村川、小田、嘉屋、木村、林、小林、上野、松浦、脇坂、村本、遠山、明石花屋、福田兄弟、同姓違人の竹下、林、松本の諸氏。バナナ栽培者は岡邊、住田、岩井、加瀬、森本諸氏が居る。其の他区会に加入せざる人には大重、竹嶋、木村の諸氏が居るといふ。其所を辞してから約二哩を迂回して第二区の沖村氏を訪問。

　沖村幸吉氏は、第二区幹事であるが此の人も相憎家内全部が留守。仕方なく直裏の亀本氏に面会して問へば「多分皆で外出でせう」と云ふ。来意を明らかにして質せば、氏は喜び招いて答へて呉れた花作り専門の米重氏を始めに、他は主に野菜作り業である。即ち沖村、亀本、川岡、青野、坂本乳屋、石井、岡本、大亀、門廣、住田、原田、進藤、野見山、秋山、里

方の諸氏であるが自分で土地を買収して家業をいそしんでいるのは、沖村、亀本、野見山の三氏である。大抵はリースであると云ふが其付近一帯は実に綺麗である。

　緑の山より吹きおろす、つめたい風は、綺麗に整えられた野菜畑、花畑の上を撫でて少しも暑さを感じないといふ此の地所に居住して専心事業に携はって、永く居る人は十五六年短くても七八年は定住している。つめたき土を踏んで朝夕事業の発展に努力し、花又は野菜物の太く伸びるが如く、種子を蒔いてから収穫を得るまでの楽みは、実際に他人の知らない事である。然し或る年は天候に依り不作、或る年は上作と、これも自然の成すが儘に任して来たといふ。

　田園生活者も矢張り同じく物価騰貴の際は、野菜物でも好況であったが本年に至って余り儲けがないといふ事である。此の地の山の根一帯は、ヂリンガム氏の土地であるがロットとして日本人には売らないと云ふ。主に白人ばかりであって大部分は分割的に売払はれているが、総て住宅地であると、けれど未だ未開地が多数あって将来は益々発展の見込めると云ふことである。

　亀本氏の裏は支那人所有の墓地である。綺麗に掃き清められ、墓所好きの記者は暫し茫然と眺めた。其処を辞してより約一哩を戻り第三区に属する所謂マノア村に到る此の村に商店を開いて居るのは、沖永商店、岡村商店、益水商店、毛利理髪店等であるが、同胞の最も多数固まって居るので村と名付ける所以である。

『日布時事』第7471号（1922年9月20日）
　同【二】
　マノア第三区の区幹事は金子増吉氏で、前にはマノア日本語学校がある。校長は大濱太氏、名誉学務委員長勝沼富造氏、副委員長沖村幸吉氏、書記中野秋太郎氏、会計村井秀五郎氏、其の他学務委員二十一名、学童は現在百八十名、教員は大濱氏夫妻である。

　谷間の里は何となく日が短い心地がする。太陽がマキキハイトに隠れ、灰色の密雲奥の山の頂上を覆ひ、山気冷々として身に迫る夕暮頃、独りた

どたど大濱氏を訪れたのは六時頃であった。氏は快く語る「左様、マノアは当校を中心として、何事に依らず父兄諸氏と共に一致してやって居ります。就職以来未だ尚ほ一ヶ年でありますが市中と違ひまして此のマノア村は実際平和であります。そして外人が入り込んで居らず、周囲の感化も非常に良好で亦質朴ですから時局問題なんか起ると総て真面目に研究し共同一致夫れに当るといふ有様です。又マノア青年会、処女会もありまして創立未だ三ヶ年でありますが、総て真面目に事に当り漸次発展して行きます。処女会でも其の通り各自の修養に成る時は名士に依頼して講演会を開き、或る時は会合を催して親睦懇談に努め、段々と発展して居りますとか」。

マノア青年会にては毎月第二土曜日集会を催し、第三土曜日には活動写真を映写する。此の近傍の人々は市中へ出るにも遠く、出ようともしないので一般居住者の慰安に資する為め、教育的フィルム、滑稽フィルム其の他面白きものを選んで映写するといふ。場所は青年会会館に当てた家屋があるので、其処に集会を催し映写し又お互ひに知識の修養に努めている。活動写真映写の際は幾分かの寄付を募集して夫れ夫れに当てる方法をになっている。亦月に一回はフリーで一般の観覧に供する事にしていると。

同会の理事長は米重芳太郎氏、副理事長山中正一氏、理事古関泰次、中嶋茂吉、会計渡邊一雄、監査梶山徳松、書記沖永三郎の諸氏であるが、各部所には文芸部荒木直人、柔道部後藤正雄、運動部山中、娯楽部沖本、矯風部講演部米重の諸氏、而して顧問としては大濱校長、沖村第二区長の両氏である。現在会員が約三十名あると云ふ。

処女会は、会長梶山キミヨ、副会長中村シズノ、会計沖村ミネヨ、書記竹下シズコ、顧問として大濱氏が居る。会員は現在廿二三名であると。処女会も同じく毎月第二日曜日集会を催して前記の如く、親睦を計り各自の修養に努めお互ひの向上を計るにある。尚ほ大濱校長の語る所に依れば、青年会処女会にては集会の時日には必ず規定の人員が規定の時刻に誤りなく集合する事が何よりも好感を与え、秩序的に事を運んで行くと云ふ所を見ても如何に真面目で質朴であるかが判ると語ったが、実際に周囲の感化が斯の如くある事を訪問の際、実験した一事がある。それは地方に居住している婦人方が、道を問ひ人名を問ふ際にわざわざ出て来て家を教へ道を

教えて下さる事である。それが良風となって子女に伝はる事実は明らかである。濃情と親切と良民とは都会を離れた平和の村にのみある事を痛切に感じた。田園生活の人生味は真に此所にあるのである。

　<u>第三区に於ける定住者は白人家庭奉公人、日雇人も多数ある。</u>金子、高橋、中嶋、上田、谷口、福谷、梶山、竹嶋、崎田（タロ田所有者）福田、宮邊、西養豚、嶋田、山見牛乳搾取所、立山、有泉、木村、海、大濱、藤中、梅谷、岩崎、斎藤が二名、後藤、泉本、阿部、森本、益永、香川、倉西、金子、山本、米重、岡村、沖永、内田、丸山、城戸二名、澤井、清田、上村、兒嶋、毛利、岡本、岡村、栗原牛乳屋の五十軒余あり、此の外区会に入ってない人々も居住しているといふ事である。

　第四区には、電車道十四番の角より二軒目、リンゼー氏邸宅に勤務している木戸慶太郎氏が居る。氏はマノア五区における区長に推薦され在住同胞の為に尽力している人である。記者が訪問した際は、マノアに於ける同胞の所在地及び以前に事業家が、農業組合を組織して居り、而して相互間の利益を計り、又は親睦を深からしめんが為め、同会が組織されてあった事実を詳細に語って呉れた。而して事業家の方は、区幹事として西田久吉氏が居り、家庭奉公人の方には木戸氏が努力しているのである。

　木戸氏の語るところに依れば<u>第五区は殆んど奉公人が多数であって始終出代りしているので姓名を調査しても永くは其の家庭に居るや否やは判らないと云ふことである。然し現在では奉公婦人が六七十名も居るといふ。亦日雇人も廿四五名もあると。</u>〔以下略〕

　（下線、網掛け、太字は筆者。網掛けは北マノア農業組合のメンバー、太字は『布哇日本人年鑑（第十七回）』（布哇新報社、1920年）の人名録に記載された人物を示す。）

　とくに【二】の記事中に白人家庭奉公人が多数とあるが、これについては時代がやや遡るが、1913年の日本語新聞に詳細な記事がみられるので次に紹介しておく。

▲白人家庭労働

第４章　近郊農業地区マノアにおける戦前の日本人

男女合し優に二千人居れり、仕事の種類ヤードボーイ、コック、洗濯ボーイ、ステブルボーイ、ズ〔ド〕ライバー、ハウスウォーク、ウェター、子守、スクールボーイ等なり。ヤードボーイ、ハウスウォークにて先づ一週間給料四弗五十仙より六弗位まで。コックは六弗より七弗位まで。夫婦者にて一週間十一弗位を貰ひ受け居れり、白人家庭労働は他の職業の如く食料ルーム賃は主人持ちにて単に被服費交際費雑費のみ（以下略。句点および〔　〕内は筆者）[9]

　ちなみに第１章の表１-２によると、1910年ではホノルル全体での日本人の使用人は男969人、女610人、計1579人で、表１-３の1920年では同じく男1053人、女881人、計1934人、表１-４の1930年になると男653人、女1401人、計2054人となり、女の人数が徐々に増えていることがわかる。
　また文中のマノア日本語学校校長である大濱太は『布哇日本人銘鑑』（1927年）によると、「原籍地は広島県安芸郡海田市町」で「明治四十五年広島県立第一中学を卒業、補習科一年を就業広島県師範学校第二部に入り大正三年これを卒へて教員生活に入り大正六年七月十二日招聘されて来布するまで広島県安芸郡青崎尋常小学校に教鞭を執っていた、布哇の人となるや加哇島（カウアイ）ハナペペ日本語学校に赴任し大正十年一月転じてホノルル中央学院訓導となる、同年九月マノア日本語学校長に転じ大正十三年十一月フォート学園長となりて今日に至る〔以下略〕」とある[10]。ハワイは広島県出身者がもっとも多かった関係からか日本語学校長も広島県出身者が多く、彼もその１人であった。
　なお『日布時事布哇年鑑』1927年版には、各種団体のなかに「マノア區會」というのがみられ、「理事長・坂本源次郎、副理事長・木村信太郎、会計・遠山作太郎、書記・竹島才次郎、米重芳太郎、監査・末広柳太郎、有泉竹次郎」とあり、ほぼ上掲の新聞記事中に登場する人物で、坂本は牛乳屋である（章末広告参照）。同じ広告にみられる「東マノア組合」は、「会長森本周一、書記原田禎一、会計青野代蔵」の名が同年鑑にあり、彼らは新聞記事では第二区の住人のため、おそらく「東マノア組合」はそのあたりに存在した組合と考えられる。なお、同年鑑には「マノア青年会」は組織名のみ、「北マノア農業組合」はなぜか掲載されていない。

5. おわりに

　マノア地方は5区に分かれており、第1区は上部マノアでさらに南北に分かれていた。そのうち北マノアは野菜栽培業者が多く、「北マノア農業組合」のメンバーが多く含まれる。第1区は図4-2のCの地域で、谷の奥にあたり涼しい気候が野菜作りに適していたと思われる。第2区は亀本氏の裏が中国人墓地とあるので、図4-2のBの辺りと考えられる。ここも第1区と同様に野菜や花の栽培を中心とした農業がさかんで「東マノア組合」を組織していたと思われる。第3区は図4-1の上部、マノア日本人小学校の辺りで、マノア日本人の中心地であった。いくつかの雑貨店や理髪店などもあったようだ。定住者は家庭奉公や日雇人が多かった。図4-1の下部にあたる日本人町のモイリリに近い第4区、第5区はさらに奉公人、日雇人が多く、定住者は少なかったようである。

　マノア地域はワイキキからそう遠くないのに、ほとんどの観光客に知られていない。ハワイ大学の奥にあたり、筆者もほとんど行く機会がない。しかし行ってみると、ワイキキなど街中の喧騒とはうって変わった静かな雰囲気で、いにしえのハワイを思い起こさせる。とくにワイオリ・ティー・ルームでは、トロピカルな庭園に囲まれ、過ぎし日のマノアをしのぶことができる。ここにかつて日本人農家が集まっていた面影はまったくなく、今は優雅な邸宅や緑の庭園の並ぶホノルルの郊外住宅なのである。

　2012年10月にマノア地区を久しぶりで訪れた。午前中にライアン樹木園から分かれてマノア滝までハイキング。ゆっくり歩いて往復約1時間半かかった。ワイキキからそんなに離れていないのに、緑の生い茂る渓谷があるのは不思議なくらいである。ワイオリ・ティー・ルームで昼食をとり、中国人墓地（88頁の写真4-1参照）に向かう。ここからの眺めはワイキキからマノア谷まで見渡せて素晴らしい。しかしマノア谷は住宅地が広がっているだけで、かつて日本人がここで農業を営んでいた面影はまったくないのが残念であった。帰途、East Manoa Road 2804の場所にマノア日本語学校の建物があったので写真を撮る（88頁の写真4-2参照）。たまたま居合わせた広江奈

加子教頭先生に話を伺う。現在 145 名の生徒が学校に通っているが、昔と違い国際的な環境で、日本のルーツを持っている子供は 3 分の 1 程度とのこと。それでもここでは日本語だけでなく様々な行事などを通して日本のことを教えているそうだ。ちょうど午後 2 時頃で登校してきた子供達に出会って様々な生徒が来ていることを実感する。この地区で他に多くの日本人がかつて居住していた痕跡が残されていないなか、この学校のみ 1910 年創立以来 100 年以上も続いていることに感激しつつ、これからも発展してほしいと切に願った次第である。

【注】
1 ）村崎並太郎編『最新布哇案内』（布哇案内社、1920 年）、38 - 40 頁。
2 ）『ひかり』第 102 号（1905 年 9 月）の記事で、マキキ教会が独自に行った調査によるとマノア地方には当時 123 名（男 86 名、女 37 名）の同胞がいた。
3 ）Charles Bouslog, *Manoa: The Story of a Valley*, Mutual Publishing, 1994, pp. 161-164.
4 ）松田元介『防長人士発展鑑』（山都房、1936 年）、772 - 773 頁。
5 ）彼については、藤井秀五郎『大日本海外移住民史 第一編 布哇』（海外調査会、1937 年）、下編 16 - 17 頁に、「明治十年八月廿八日に神奈川県横浜市青木町に生れ、同三十二年四月に布哇に来り、布哇島コナ及パパアロアに一ヶ年暮して後、ホノルルに出で法律事務を執る傍ら、多年ホテル街ヌアヌ街角に牧野薬舗（後ピープルス・ドラッグと改名）を経営、其他にも種々の事業に関係した。大正元年一二月には日刊新聞布哇報知社を創立して新聞界に乗り出し、苦戦奮闘廿数年、其努力は遂に酬ひられて今日の大を為すに至る〔以下略〕」とある。
6 ）前掲注 3 ）、pp. 194 - 197。
7 ）森田榮『布哇五十年史』（眞榮館、1915 年）、614 頁。
8 ）小野寺徳治ほか編『布哇日本人発展写真帖』（米倉彦五郎、1916 年）、192 頁。
9 ）「ホ府日本人職業生活状態」、『日布時事』第 4060 号（1913 年 1 月 1 日）。
10）曽川政男『布哇日本人銘鑑』（同刊行会、1927 年）、74 頁。

写真4-1　中国人墓地よりマノア谷をのぞむ
（撮影）2012年10月原寛氏。

写真4-2　マノア日本語学校
（撮影）2012年10月原寛氏。

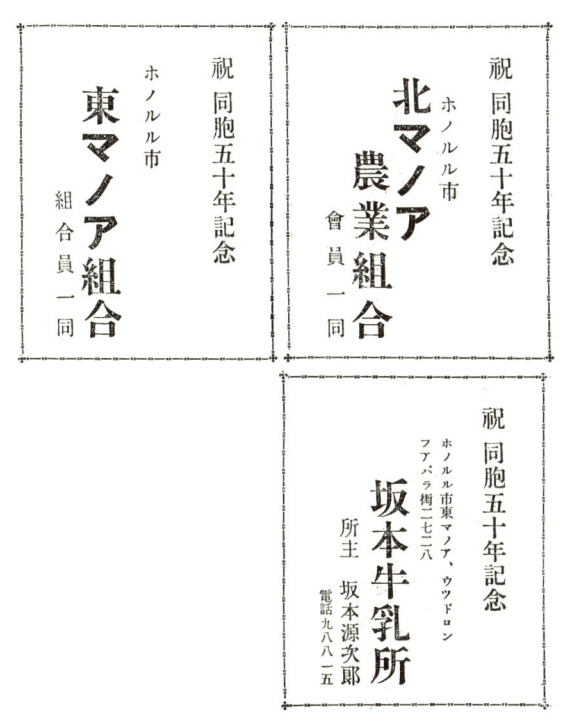

第4章　近郊農業地区マノアにおける戦前の日本人

祝　同胞五十年記念

ホノルル市
北マノア農業組合
會員一同

祝　同胞五十年記念

ホノルル市
東マノア組合
組合員一同

祝　同胞五十年記念

ホノルル市東マノア、ウツドロン
フアパラ街一七二八
坂本牛乳所
所主　坂本源次郎
電話九八八一五

（出所）日布時事社編『官約日本移民布哇渡航五十年記念誌』（日布時事社、1935年）。

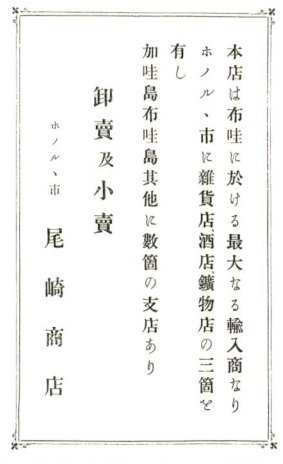

本店は布哇に於ける最大なる輸入商なり
ホノルヽ市に雜貨店酒店鑛物店の三箇を有し
加哇島布哇島其他に數箇の支店あり

卸賣及小賣

ホノルヽ市
尾崎商店

（出所）林三郎『布哇實業案内』（コナ反響社、1909年）。

89

第 5 章
日本人漁業

　第 2 次大戦前のハワイにおいて、日本人が独占していた職業の一つに漁業がある。日本人が移住する以前のハワイにおいては、ハワイ人や中国人が沿岸地域で小規模に行うのみであったが、1885 年の官約移民の渡航以来、日本人が増加するにつれて魚の需要が増し、当初は耕地労働者から次第に漁業に転ずる者が増え、ハワイ諸島全体に広まっていった。筆者は以前にハワイ日系人が従事した主な職業のうち、コーヒー栽培、漁業、養豚業などについて、その地域的分布、出身地分布を考察したことがあったが[1]、本章では中心地であるホノルルにおける日本人漁業の発展の様相を戦前の史料や漁業関係者の記録などにもとづいて、より詳細に明らかにしてみたい。

1．初期の日本人漁業

　ハワイにおける日本人漁業の発展のきっかけをなした人物に次のような人々がいた。
　まず、1897 年に山口県大島郡出身である西村亀太郎が当時最新の日本式漁法を採用し、近海漁業を発展させたという。また、1899 年には和歌山県西牟婁郡田並村出身の中筋五郎吉が妻子を伴いハワイに渡航、その際に新造の鰹（かつお）船と漁具一式を汽船に運び、鰹漁で新しい方式を実施してハワイの漁業に一大革命をもたらした。この方法により、大量漁獲が可能となって鰹 1 尾が 2 ドルから 25～50 セントまで下落し、大衆は恵まれたがハワイ人の漁師は自分の生活を脅かす者として中筋の暗殺を企てたことさえあったといわれている[2]。
　こうして日本人漁師は徐々に増えていき、1903 年頃ホノルルにおいてす

でに100名ほどいたという[3]。

さらに中筋は、漁具・漁法に種々の改良を加え、いわゆる「ハワイ型漁船」を考案したり、1909年には発動機を漁船に取りつけて漁域を広め、遠洋漁業にも進出した[4]。また、山口県出身の柏原清作は1920年代にガソリンに代わる重油エンジンを装置して運転費用を削減し、漁域の拡張や大型漁船の建造を実現した[5]。

2．漁業会社設立の頃

ハワイにおける漁穫は、このようにして日本人の独占的な状況となったが、実際に利益を博していたのは中国人であり、とくにホノルルの魚市場は中国人の経営で、日本人の漁獲する魚類を買い取り、それを自分達が経営する市場で販売するという状態が長い間続いていた。つまり漁業の実権は中国人によって握られていたのである。

ところが1908年2月、中国で起こった辰丸事件の影響で、中国人間における日本品のボイコット運動がハワイにも波及し、一時日本人漁師の漁獲した魚類を買わなかったので、日本人漁師が困難に陥った。このような実情をみて、ハワイ漁業の実権を中国人から日本人の手に引き渡すべく立ち上がったのが、『布哇新報』の芝染太郎、『日布時事』の相賀安太郎などホノルル日本語新聞の幹部、そして旅館業の山城松太郎、医者の三田村敏行などであった。彼らは演説会など日本人漁師への啓蒙運動を行い、日本人自身による漁業会社を建設することの急務なることを熱心に説いてまわった[6]。そしてついに、日本人経営となる三つの漁業会社が1908～14年の間に設立された。これにより、日本人漁師は漁業会社に漁獲物を持ってきて競売に付し、漁業会社も利益があがるようになった。

それぞれの会社については以下のようである。

① 布哇漁業株式会社

1908年創立のハワイで最初の漁業会社で、前出の芝染太郎、相賀安太郎、三田村敏行や日本人漁業者により創立された。資本金5万ドル、これを5000

第 5 章　日本人漁業

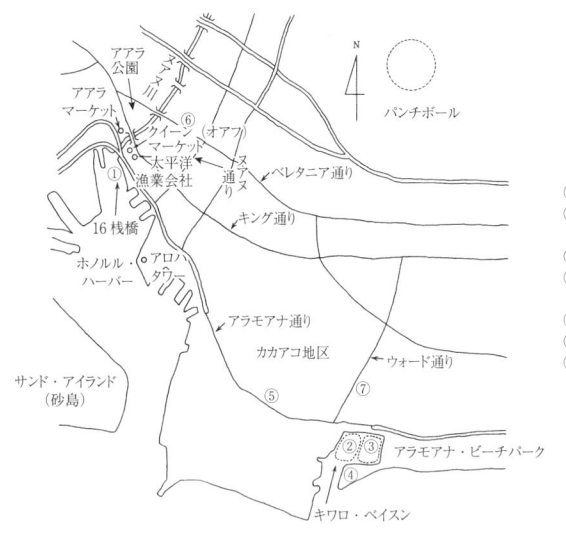

図 5-1　日本人漁業関係の地図（1933 年頃）

① ホノルルハーバーの16桟橋。
② 1933日系人漁船の移転先。このあたりに船を着けた。
③ 1933年頃は浅瀬で桟橋なし。
④ もとは浅瀬。浚渫した土砂でのち陸地となる。
⑤ 船井造船所のあった所。
⑥ 貴多商店開店場所（1925年）。
⑦ 1933年の移転先。

（出所）上田喜三郎「ハワイ日系人の生活史（15）」（『太平洋学会誌』第57号、1993年）、37頁の地図を筆者改変。

株に分け（1株10ドル）25万ドルまで増資しうる組織となっていた。当時の株主中には、アメリカ・中国人なども多数おり、いわゆる内外人経営の会社で、社長は和歌山県出身の三田村敏行であった。2代目社長はアッキンソン。1921年当時は3代目社長クック、支配人は山口県熊毛郡出身の上田新吉で、370名の漁師を使役し、所属のギャスリン（ガソリン）船は50隻、その船長の出身県の内訳は山口36名、広島6名、和歌山5名、静岡・熊本・沖縄各1名で、山口県出身が圧倒的に多い。所在地はアアラ・マーケットである[7]（図5-1参照）。しかしその後経営困難に陥ったため、1921年に白人所有の権利を買収し、日本人専有の「布哇水産会社」と改称した。この際に貢献したのが支配人の上田新吉であった[8]。

② **太平洋漁業会社**

　1910年に営業に開始した。最初の資本金1万ドルで、日本人の経営による株式会社とあるが、1915年当時の社長は広島出身で前述の山城松太郎で、副社長のほか幹部に中国人の名がみられる。1921年当時は漁師三百数十名を

使用し、所属ギャスリン船は48隻、その船長の出身地は、山口30名、広島9名、和歌山7名、千葉1名、不明1。やはり山口県出身が多いが、比較的広島県出身者も多い。所在地はケカウリケ街（クイーンマーケット・図5-1参照）である。[9]

③ ホノルル漁業会社

1914年に資本金5000ドルで中藤長左衛門により組織され、業務の発達とともに資本金の増資を図る仕組みであった。1915年当時社長はウイルソンで、使用人100人、ギャスリン船16隻。1921年当時の所属ギャスリン船は9隻、その船長の出身地は和歌山6名、山口3名で、和歌山県出身者が中心といえる。所在地はキング通りクイーン（オアフ）マーケット（図5-1参照）の下側に事務所および競売所を設け、和歌山県出身の中山市太郎を支配人兼競売主任として発足した。[11] 中山市太郎は、和歌山県海草郡木本村の出身で、1899年に来布。ハワイ島の耕地で1年間就労の後、マウイ島ラハイナに移り魚商となり、さらにホノルルに移って1902年にキング街の魚市場で競売人として現れるが、彼がハワイにおける元祖とされている。1906年には鰹漁船を所有し、太平洋漁業会社の設立にも参画し、副社長にもなった。また、クイーン街に日米雑貨店を経営し、蒲鉾製造会社の社長でもあった。[12]

ホノルル漁業会社が設立される直前の1913年の魚市場の様子については、農商務省技師田子勝弥（和歌山県人）による、以下のような記述がみられる。

> 同地の魚市場はホノルル市の最も繁華な地にあって両角の最も好い処は支那人占有し、邦人経営によるハワイ漁業会社と太平洋漁業会社とは其次にある。鮮魚の販売所は日本の牛肉店の様に台の上に陳列し、買人にはバセフ〔芭蕉〕の葉の様な草の葉に包んで渡して居る。[13]

また、当時の日本人漁業についての様子を、同年の日本語新聞から拾ってみよう。

▲漁夫及仲買人

　太平洋漁業会社、布哇漁業会社の二あり。前者に属するギャスリンボートは大小合わせて十六隻、伝馬船数隻、後者はギャスリンボート十八隻、伝馬船約五十隻居れり。漁夫は両会社を合せ約百七十名とす。然して彼等の所得は他の職業に比し多額にて、利益配分も甚だ複雑し居れり。先づ四五十馬力のギャスリンボート一隻（一ヶ月に三航海とし）一航海平均五百弗の獲物を得、乗組員は伝馬船を除く外二三名より八九名とす。一航海に先づ八十本のアイス（一本三百斤にて価六十仙也）是が五十二弗、ギャスリン四丁（一丁十二弗七十五仙）五一弗、八名の食料三十弗、餌代其他にて都合百五十弗は要すべし。利益配当は揚げ高の一割を会社に納め、三分を株主に別け、是れは船の修繕費等に費す用意也。頭割に大抵一ヶ月六十弗の所得あるべし。尚ほ伝馬船の分は一隻に一人の乗組にて、揚げ高は一定せず。仲買人は布哇漁業会社に廿名、太平洋漁業会社に五名、前者は場所がよきため魚棚の借賃廿五弗、後者は八弗より十一弗迄。彼等は漁夫より魚を糶買(せり)なし売捌くものにて、普通揚げ高七十弗より百弗位までにて、其の内より凡てのエキスペンスを支払はざるべからず。因に布哇漁業会社の手を経て毎月売捌く魚類は実に一万弗以上なりと云ふ。(句読点は筆者)[14]

漁獲物の利益配分については一定のルールがあったようで、1937年の領事報告にも次のように記されている。

　一般の漁獲物は、漁船より市場内にある各漁業会社に交付し、会社はこれを市場で競売し、売上高の1割を天引きし、さらに各漁船の燃料、餌料、氷代、運搬費など会社より支出する諸経費を控除して、残金を船夫に交付する。漁船の持ち主は、これより3割（鰹船は3割5分）を控除し、残金を乗組漁師全員に利益配当として等分するという。(原文カタカナ交り文)[15]

1928年当時、漁業会社としてはハワイ島ヒロにも布哇島漁業株式会社と水産株式会社があり、その他の漁業関係の団体として、ホノルル水産救護会（会長・貴多鶴松）、ホノルル水産慈善会（会長・鍵本治助）、太平洋漁業組合

(理事長・中筋五郎吉)があった。[16]

このうち、ホノルル水産慈善会は、1911年創立でホノルル市カカアコ地区に在住する日本人漁業者によって組織された団体で、会員の遭難、疾病などを救護し、あわせて相互の親睦を図ることを目的としたものである。会長の[17]鍵本治助は山口県大島郡出身、1899年に来布し、耕地労働の後ホノルルに移住し、発動機船を購入して遠洋漁業に従事、布哇漁業株式会社および布哇水産会社に関係していた。[18]

3. 鰹と鮪などの各種漁業

鰹漁業については、先に紹介した田子勝弥による「ハワイ同胞の漁業現況」(1913年)の報告で次のように記されている。

布哇の鰹漁業は、ホノルルの在るオアフ島から馬哇島(マウイ)附近の近海を漁場として居るので其漁夫は総て我紀州人より成る。鰹釣の方法なども紀州地方と同じである。漁船はギャソリン船で釣具には角を用ひ、土人も邦人と同じ様な方法で鰹釣を行って、而して鰹を釣るには沖合に出でて海鳥の群集して居るを見て魚群を知り、生きた鰮(いわし)を投げて之を集め釣を垂れる。所に拠っては礁に鰹の付き居るを釣る所もある、それに鰹は終年島の周囲に居るのであれば鰹漁業は年中絶えることがない、而して鰹に三種ありて一種は内地のマカツヲの如くに、一種はソウダカツヲの如く一種は鰹の形で体の側に斑点があると称へるも実見しなかったから何種類か瞭かでない。鰹釣の餌料鰮は各島の内湾から近海で漁獲する、其れは暗夜に火光を利用して鰮を群集させ網を用ひて捕らへるが、近年は餌取船も大に改良されてギャソリンボートや餌取船には大抵電燈を備へて居り殊に餌取船などは集魚燈を用意し一個を水中に沈め一個は舷外に出して魚を集める。然し同地では餌料鰮を貯蔵することを知らないから鰹漁業は全く餌料の為めに支配されて居る。[19]〔以下略〕

このように鰹漁が和歌山県出身者によって行われ、鰮をまいて一本釣りを

表5-1 ホノルルの漁業会社が取り扱った主な魚類

魚　　類	重　量 (ポンド)	価　格 (ドル)	1ポンド当たり価格 (セント)
アク（鰹）	901,253	45,052	5.0
アヒ（鮪）	735,744	43,577	5.9
アウ（旗魚）	242,757	28,530	11.8
オペル	151,626	33,357	22.0
アクレ（鯵）	94,262	28,568	30.3
ウク	86,208	17,241	20.0
オイオ	51,603	15,510	30.0
マヒマヒ（シイラ）	36,884	7,376	20.0
ウルア	36,231	10,869	30.0
マレット（イナ）	32,503	8,124	25.0

(注) 1ポンド ≒ 0.45 kg。
(出所) 日布時事社編輯局『日布時事布哇年鑑』(日布時事社、1928年)、99頁にもとづき筆者作成。

していたことが知れる。また、鮪漁業などについては、以下のようである。

　　同地の鮪漁業は、専門に漁することなく鰹漁船で手釣にする位であり、ウルワ〔ロウニンアジ〕及カハラ〔鰤の一種〕漁業は最も盛んでオアフ、マウイ、モロカイ島などの三浬〔海里〕以内には居らず、遠洋に多く出漁五百浬からの沖に出て鳥島付近にも至り餌料鰹の生肉で手釣であるが其魚は実見出来なかった[20]。〔以下略〕

当時、鮪漁業はそれほど重要な漁業ではなかったことがわかる。
　また、1927年9月から12月までのホノルルにおける太平洋漁業会社および布哇水産会社の取り扱った主な魚類は表5-1のようであった。やはり鰹と鮪の漁獲が圧倒的に多く、やはりこの2種がハワイの漁業を支えていることがわかる。

4．漁業関連の職業

　水産関係の製造業として、ホノルルにおいては鰹節製造、蒲鉾製造、ツナ缶詰などが発達した。

① 鰹節製造

　ハワイでの元祖は和歌山県出身の山本荒太郎であった。ハワイには紀州出身の鰹漁師が多いというのを聞き、それでは鰹節製造も面白かろうと来布（ハワイに渡航）したのが1906年で、試験的に行った結果が良好だったという[21]。彼は『布哇日本人銘鑑』（1927年）によると、明治6（1873）年生まれ、原籍地は和歌山県西牟婁郡田並村で中筋五郎吉と同じである。現住所は、ホノルル市ケカウリケ街で魚市場の近くである。「明治35（1902）年10月農商務省水産講習所別科を卒業するや布哇の海産裕かなるを聞き明治39（1906）年3月をもって来布した。布哇近海に鰹群多きを知り専門的に研究せる鰹節製造を思立ちホノルルに工場を設けた。風土気候の相違に基き当初は予期の結果を得座りしも経験・試練を重ね遂に故国産に劣らざる良質の鰹節を製出するに至り日本製品を圧倒して、布哇全島、米大陸に販路を有する盛況を呈した。斯くて数名の同業者を生じ鰹節製造業が主要なる水産業の一として重視せられるやうになったのは全く氏の努力の賜物である[22]」と記している。

　鰹節はいうまでもなくハワイにおいては日本人の独占業であり、気候などの関係で、最初は製造に困難を伴ったが、次第に日本製に劣らぬ製品を算出するに至った。砂糖、パイナップルとともにハワイから日本への土産物にもなっていた。1928年当時4軒の製造所があり、年産約20万封度（ポンド）、価格約5万ドルであった[23]。

② 缶詰

　ハワイにおいて鰹が獲れすぎてこの処置に困り魚価も低落し、これを救済するためにハワイに鰹缶詰会社が設立されたという。しかし製造所ができると、逆に十分に鰹が獲れず、1922年、ホノルルに日米人の共同事業でハワ

イ・ツナ・パッカーズ（布哇罐詰）会社が設立されたが、それまで三つの会社が営業困難で廃業している[24]。まず1916年に、W・ウォルター・マックファレンという若い企業家がマックファレン・ツナ会社をアラモアナとコック街に設立した。そこでは39人の日本人漁夫を雇い、日本式漁船（サンパン）に加え2隻のガソリン動力の船を建造した。ツナ缶はニューヨークや米本土の他の都市に輸出された[25]。1920年には、ハワイ・ツナ・パッキング・コーポレーションが、鰹の漁獲高を上げるために日本人鰹漁夫35名を特別技能者として会社が雇用することの許可を米国労働省などから得て、この会社と関係の深い太平洋漁業会社の支配人である山城松太郎の長男である山城松一を日本に派遣した。そして、和歌山県西牟婁郡田並町17名、同郡下芳養村8名、同郡湊村5名、同郡田辺町3名、同郡有田村1名、合計34名が呼寄せの形で旅券が下付されたという記録もみられる[26]。

ハワイ・ツナ・パッカーズ（布哇罐詰）会社については、前記マックファレン・ツナ会社が経営困難でまもなく解散し、アメリカン・ファクターズに製造機具一切を売り渡したのを、新缶詰会社がこれを全部安値で買い受け、1922年8月から製造を開始した。場所はカカアコのアラモアナとコック街の同じ場所である（第6章の図6-2参照）。社長はウィンストン、副社長には山城松太郎が就任し、書記に山城松一、理事には和歌山県西牟婁郡周参見町出身の喜多鶴松が就いている[27]。資本金や所有の日本式漁船（サンパン）も増えた。ちょうど地元の消費も増えていった。1929年には缶詰工場は、ケワロ湾に移ったが、そこは漁船が獲った魚を工場の戸口に運び込むことができる場所であった。こうした技術の改良と500人の労働者によって、会社の生産は増加していった[28]。

産出額は、1927年2万箱、1928年1万2000箱で、漁獲の多寡により増減がある。製品はアメリカ本土にも大量に輸出している。ツナ缶詰は油で煮、塩で淡く味付けする[29]。また、原料となる魚類とその重量は1935年度でアク（鰹）20万129トン、アヒ（鮪）8500トン、黄鰭鰹（きはだ）1000トンであった。ハワイ島ヒロにもヒロ罐詰会社があった[30]。

③ 蒲鉾製造

　ハワイにおいて蒲鉾製造は重要な水産副業の一つであり、1905年頃より始まった。1929年当時ホノルルに4軒の製造所があり、年間の産額は12、3万ドル以上とみられている。このほか、ヒロをはじめ各地に製造所があり、総計20万ドル以上に達する。製造所も需要者も日本人である。原料はオパカパカ（ヒメダイ）、オイオ、カジキトーシ（旗魚カジキマグロ）、鱶（フカ）などである。[31] 図5-2は『布哇日本人年鑑』（1920年）に掲載された広告であるが、これによると1920年当時も4件の蒲鉾店と市場内の三つの販売所があったことが知れる。1940年の住所録においては5軒で、そのうち「大谷生魚店並びかまぼこ」はアアラ・マーケットにあった。[32] 経営者の大谷松治郎は、山口県周防大島町沖家室島（おきかむろ）出身で1908年に来布。マウイ島ラハイナで卸売り商店に勤めた後、ホノルルに出て1911年に布哇漁業株式会社が創立されたのを契機にキング魚市場が開店し、最初の店子として大谷魚店の名称で生魚店を開業した。1913年には鮮魚行商も始め、1918年アアラ魚市場に移転、1920年には合資会社大谷商会を創業し日本食料品の販売業を経営しながら、1929年にアアラ市場内の一部にコンクリート建ての蒲鉾製造部を発足させた。広島出身の三島工場長を招聘し、11人の製造部員で行ったのである。[33]

5．1930年代以降の状況

　造船業は主として漁船を建造している。1940年度の住所録では、五つの造船所の名前が記されており、うち三つがケワロ湾に面したアラモアナ・ロード（通り）に位置している。[34] その一つの谷村造船所の経営者である谷村丈一は、山口県周防大島町沖家室島出身で1912年来布し、1930年に造船所を創設、就労者8名とある。[35] また、船井造船所の創業者である船井清一は、和歌山県西牟婁郡江住村出身。代々船大工で1917年にハワイに渡航し、修理の仕事の後、1919年に造船所をカカアコに設立した（図5-1参照）。彼は日本式鰹船を始め多数の船を作った。とくに日本式漁船（サンパン）は日本人漁師にとって頼りになる存在だったという。[36]

　漁具店は1940年度の住所録では8軒の店がある。[37] そのうち2軒は同じ戎

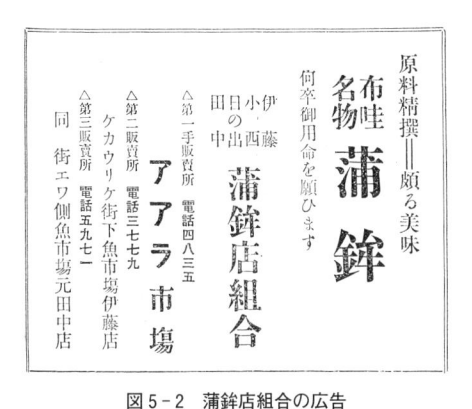

> 原料精撰＝＝頗る美味
> 布哇名物 蒲鉾
> 何卒御用命を願ひます
>
> 蒲鉾店組合
>
> 第一手販賣所　電話四八三五
> 　伊藤　小西　日の出　田中
>
> 第二販賣所　電話三七七九
> 　ケカウリケ街下魚市場伊藤店
>
> 第三販賣所　電話五九七一
> 　同　街エワ側魚市場元田中店

図5-2　蒲鉾店組合の広告
（出所）『布哇日本人年鑑（第十七回）』（布哇新報社、1920年）。

崎漁具店で本支店が掲載されていると思われる。出身県を『日布時事布哇年鑑』（1941年）で調べると、戎崎を含め山口2名、広島2名、和歌山・鳥取、熊本各1名である。このうち空中光太郎の履歴をみてみると、「広島県佐伯郡高田村出身で、1897年ハワイに渡航、ハワイ島ホノカア耕地、カウアイ島カパア耕地に数年間就労の後、ホノルルに出て日米食料雑貨店を開業する。その傍ら日本人最初の鋳鉄工場を企て、あるいはキング街の魚市場付近に支店を設けて漁具一切の販売をする[38]」とある。また、山口県玖珂郡和木村出身の嘉屋嘉一は氷店を営業し、「夫人が漁具店を兼営して、その釣竿は各地の太公望に愛用せらる[39]」とある。

　先述のハワイ・ツナ・パッカーズ会社の理事をしていた喜多鶴松は、1906年ハワイに渡航し鰹船の船頭をしていたが、歳をとったので1925年に陸に上がり、食料雑貨店である喜多商店を始めた。主に漁船や漁船員の用品および漁船に積み込む食料品を扱った。場所は最初、ホノルル港やアアラ・マーケットに近いベレタニア通りにあった。しかし、漁船の繋留場所の移転とともに、喜多商店もケワロ湾に近いカカアコのウォード街（通り）に引っ越すことになる（図5-1）。

　漁船は従来から、ホノルル港の16桟橋に繋留していた。アアラ・マーケットもそこから近い場所に立地していた。しかし、次第に桟橋が古くなったなどの理由で、1933年頃ケワロ湾に移動することになった。当時、ケワロ湾

（キワロ・ベイスン）は浅瀬であったが徐々に浚渫工事を行い、戦前までには、港としての形を整えていった（図5-1）。漁業会社は、アアラ・マーケットのなかにあったので、ケワロ湾で水揚げされた魚は、トラックでアラモアナ通りを通って、アアラ・マーケットのオキシン場（オークション・ルーム、競市）まで運んだ。[40]

　20世紀に入って大いに発展してきた日本人漁業も1940年頃から日米関係が険悪となり、アメリカ政府はハワイの日系人の所有する漁船を調査し、違法な漁船所有者を取り締まり、罰金を科した。市民権のある者はいかなる船も所有できるが、市民権のない者はわずか20フィートの船しか使えなくなり、大型の鰹船は軍用船として徴発されてしまった。こうして大型漁船を主体として日本人が開発したハワイの漁業も太平洋戦争の直前に大きな打撃を受け、開戦とともに壊滅してしまうのである。[41]

6．おわりに

　これまでみてきたように、和歌山と山口出身者の名前がたびたび登場し、この2県出身者がホノルル日本人漁業の中心的な役割を果たしていたことがわかる。1937年の領事報告にも「一般漁業に従事する者の七割は山口県出身者にして鰹漁に従事するものの八、九割は和歌山県人なりと言ふ其の他の各県人は九州各県、静岡、福島等の県人なるも其の数多からず」[42]（原文カタカナ交り文）とあり、喜多鶴松の息子である喜多勝吉も「1930年代後半頃のホノルルのカツオ船は、ほとんど和歌山県人の所有で、あとは山口県人と広島県人が1隻ずつ持っているだけだった」[43] そして「鰹船、鮪船以外の小さな船での一本釣りは、瀬戸内海の山口、広島の船が多かった」[44] と語っている。確かに鰹船を導入し大型船へと発展させていった和歌山県出身者はハワイの鰹漁では独壇場であったように思われる。しかし全体の船主などの数では、山口県出身者が多数を占めていたのは確かである。これに関して、1940年度の魚商および生魚マーケットの経営者[45]のうち、出身県のわかる人物を調べてみると、山口18名、広島10名、熊本・沖縄各6名、福岡3名、山梨・和歌山各2名、新潟・高知各1名で、やはりこの分野でも、山口が最多で広島も多く、

沖縄の進出が注目されよう。

　筆者は以前に、1910年および1929年の時点でホノルルの漁業関係者のうち和歌山県と山口県出身者が住み分けをしている傾向を指摘したが[46]、先の喜多商店の例でみられるように、鰹漁を主とする和歌山県人はやはりホノルル港やアアラ・マーケットに便利なダウンタウン地区に住む傾向があり、山口県人とくに周防大島町沖家室島を中心とする人達はそれより少し離れたカカアコ地区に当初から住みつき[47]、次第にその数が増えていったものと考えられる。

　山口県のとくに周防大島町沖家室島出身者の居住地との関係については、次章で詳しく述べることにする。

【注】
1）　飯田耕二郎『ハワイ日系人の歴史地理』（ナカニシヤ出版、2003年）。
2）　和歌山県編『和歌山県移民史』（和歌山県、1957年）、515頁。
3）　木村芳五郎・井上胤文『最新正確布哇渡航案内』（博文館、1904年）、117頁。
4）　前掲注2）、515頁。
5）　ハワイ日本人移民史刊行委員会編『ハワイ日本人移民史』（布哇日系人連合協会、1964年）、208頁。
6）　相賀渓芳『五十年間のハワイ回顧』（同刊行会、1953年）、367頁。
7）　日布時事編輯局『布哇同胞発展回顧誌』（日布時事社、1921年）、59-60頁および57頁の広告。
8）　①曽川政男『布哇日本人銘鑑』（同刊行会、1927年）、198頁。②松田元介編『御大典記念防長人士発展鑑』（山都房、1932年）、27頁。
9）　①前掲注7）、59-60頁および306頁の広告。②森田榮『布哇日本人発展史』（眞榮館、1915年）、277-278頁。
10）　前掲注7）、59-60頁、および前掲注9）、②の276頁。
11）　大谷松治郎「日系漁業会社の変遷を語る」（『布哇タイムス創刊六十周年記念号』布哇タイムス社、1955年）、第9号、10-11頁。
12）　ジャック・Y・田坂「ハワイと和歌山県人」（『太平洋学会誌』第31号、1986年）、67頁。
13）　田子勝弥「布哇同胞の漁業現況」（1913年）（商工歴史刊行委員会編『「虹の橋」日商工七〇年史』ホノルル日本人商工会議所、1970年）、100頁。
14）　「ホ府日本人職業生活状態」、『日布時事』4060号（1913年1月1日）。
15）　在ホノルル総領事福間豊吉「布哇漁業調査」（外務省外交史料館史料：E4.9.0.7-8）『本邦漁業雑件』昭和12年6月28日）、15頁。
16）　日布時事社編輯局『日布時事布哇年鑑』（日布時事社、1928年）、102頁および186頁。
17）　前掲注9）、②の499頁。
18）　前掲注8）、②の49頁。

19) 前掲注13)、100頁。
20) 前掲注13)、100頁。
21) 日布時事社編輯局『日布時事布哇年鑑』（日布時事社、1929年）、104頁。
22) 前掲注8)、①の225頁。
23) 前掲注16)、98頁。および前掲注21)、104頁。ちなみに、ハワイでは鮪も鰹もツナ（tuna）という。
24) 前掲注21)、105頁。
25) Yukiko Kimura, *ISSEI : Japanese Immigration in Hawaii*, University of Hawaii Press, 1988, pp. 110-111.
26) 外務省外交史料館史料：(3.8.2.41)「布哇国ニ於ケル本邦移民関係雑件」のうち「大正10年1月布哇鰹魚罐詰会社ヘ日本漁夫三十五名輸入方ニ関スル件」。しかし、これに関する以後の記録は見当たらない。
27) 「日米人合同で鰹罐詰会社設立」、『日布時事』第7477号（1922年9月26日）。
28) 前掲注25)、p. 111。
29) 前掲注16)、99頁。および前掲注21)、105頁。
30) 藤井秀五郎『大日本海外移住民史第一編布哇』（海外調査會、1937年）、中巻22頁。
31) 前掲注21)、105頁。
32) 近藤菊次郎『分類布哇日本人事業家年鑑』（事業家年鑑社、1940年）、141頁。
33) 大谷松治郎『わが人となりし足跡――八十年の回顧』（M・大谷商会、1971年）、17-48頁。
34) 前掲注32)、59頁。
35) 大久保源一編『布哇日本人発展銘鑑「防長版」』（布哇商業社、1940年）、53頁。
36) ①『ハワイ報知』1978年3月2日記事。②上田喜三郎「ハワイ日系人の生活史（14）」（『太平洋学会誌』第55・56号、1992年）、64-65頁。③上田喜三郎「ハワイ日系人の生活史（15）」（『太平洋学会誌』第57号、1993年）、32頁に、「日本式漁船はハワイでサンパンといわれ、小さいものは伝馬船から大きいものはエンジンの付いた漁船まで示している。中国語で三板、英語でsampanと書き、中国、東南アジアの沿岸や河川で用いられる艪を櫂で漕ぐ小船のことをいう」。
37) 前掲注32)、149頁。
38) 前掲注30)、下巻65頁。
39) 前掲注8)、①の120頁。
40) 前掲注36)、③の36-39頁。
41) ①上田喜三郎「ハワイ日系人の生活史（18）」（『太平洋学会誌』第61号、1994年）、64-65頁。②上田喜三郎「ハワイ日系人の生活史（19）」（『太平洋学会誌』第62号、1994年）、50-51頁。
42) 前掲注15)、8頁。
43) 前掲注36)、③の39頁。
44) 上田喜三郎「ハワイ日系人の生活史（16）」（『太平洋学会誌』第58号1993年）、17頁。
45) 前掲注32)、142-143頁および148-149頁。
46) 前掲注1)、78頁。
47) 前掲注33)、31頁に、大谷松治郎が1908年に来布した頃、カカアコ地区に早くから沖家室出身者が在留していたと述べており、47名の名前を列記している。

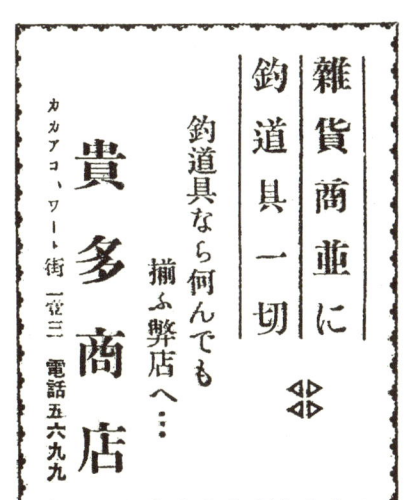

第 5 章　日本人漁業

大型漁業船
大小瓦斯燐船
造船業一切請負

船工場はホノルル造船工場の元祖さして永年の經驗さ秀でた手腕は堅牢卓絶せる艦にあります

船井造船所
ホノルル市アラモアナ街八〇二
所主　船井　中
電話六八一五四

漁船、遊覽船
ヨット其他新造

永年の經驗ご熟練工の手腕を持って完全な優秀船を製作仕ります

谷村造船所
ホノルル市アラモアナロード一〇五四
谷村丈一
電話　六六五九八

雜貨商並に
釣道具一切

釣道具なら何んでも
揃ふ弊店へ…

貴多商店
カカアコ、ワード街一壹三
電話五六九九

縁起の良い釣道具
● 漁具、船具一切豐富
● 大廉價提供いたします

戎崎漁具店
北クィン街一貳〇電話二〇二三
支店＝ワード街二（貳）電話六五〇二六

（出所）布哇報知社編『布哇日本人實業紹介誌』（布哇報知社、1941 年）。

写真5-1 ホノルル市における漁業関係の写真
（出所）日布時事社編『布哇紹介写真帖』（日布時事社、1929年）。

（出所）『日布時事布哇年鑑』（1935-36年）。

第6章
山口県沖家室島の出身者

　沖家室島は山口県周防大島町（もと東和町）に属し、周防大島（屋代島）の南に浮かぶ周囲5km、面積0.95km²の小さな島である（図6-1）。現在は屋代島と沖家室大橋で結ばれており、2002年当時の戸数145戸、人口211人である。この島は江戸末期より小漁船で琉球、朝鮮半島方面に出漁したことが知られているが、明治以降は島を離れ本土や海外に出稼ぎあるいは移住した人の多い島であった。本章では、とくに海外でもっとも多く移住したハワイ諸島の中心地であるホノルル市に居住した沖家室出身者について、大正時代に発行された島の情報誌『かむろ』などの資料をもとにして分析を試みたい。

1．『かむろ』第6号（1916年）にみる沖家室島民の居住地

　『かむろ』という雑誌は、沖家室惺々會の発行により大正3（1914）年9月5日に創刊号を出し、昭和15（1940）年3月15日に158号をもって廃刊している。本土や海外に出ていった者と、島にとどまった者とを結ぶ情報誌であり、そのうち第1号から第24号（1919年5月10日）までが、復刻版としてみずのわ出版から三巻本として出版された。
　その『かむろ復刻版』第2巻の巻末の解説で、森本孝は第6号（1916年1月）の「本島人略表」をもとに、記載されている444名の居住地と職業を分析しており、第6号がもっとも整理された名簿であると彼はいっている[1]。さて、その内訳は本島在住者71名、内地（日本各地）在住者60名で、合計131名。海外在住者は313名で圧倒的に後者が多い。海外在住者のうちハワイ在住者がもっとも多く125名である（表6-1）。これらの人数は名簿に記載されているのみで、その家族である妻や子供たちの名前は省かれており、実数

図6-1 沖家室島の地図
(出所) 日本離島センター編『SHIMADAS (シマダス)』(日本離島センター、1998年)、494頁。

はさらに多かったはずである。

　沖家室からのハワイ移民は、明治18（1885）年の第1回官約移民で1人が渡航している。それは三国一（みくにはじめ）という人物とのことであるが、明治24（1891）年まで続いたハワイへの官約移民は他の大島郡の村・島に比べそう多くなかった（表6-2参照）。この時期、沖家室の人々にとっては砂糖キビ労働による契約移民が主であったためと考えられる。しかし明治30（1897）年頃から大正期にかけて多くの島民がハワイに渡航した。表6-3は東京大学・大野盛雄の「沖家室の漁業」に掲載された米州移民調査による渡航者（世帯数）を示したものであるが、このうちハワイがかなりの数を占めていたはずである。

　さて、表6-1のハワイ在住者居住地のうち、馬哇（マウイ）ラハイナ・ヒロ・加哇島（カウアイ）ククイ浦・（馬哇島）ワイルクを除く地域はホノルル市内であり、その合計は49名で布哇島（ハワイ）ヒロに次いで多いことがわかる。そしていずれの地域でも漁業がもっとも多く、その他、魚商、氷製造などの漁業関連の仕事が目立っている。

表6-1 『かむろ』第6号にみるハワイ在住者（125名）

居住地	職業	人数	居住地	職業	人数
キング街角ベレタニアン街	漁業会社社員	1	ヒロ	漁業	25
	請負業	1		石風呂業	1
	かじや業	2		紙商業	1
	小計	4		ギャソリン漁業	2
ポンチポール下街・ハレカウヲ街角	漁業	2		商業漁業	1
	ギャソリン漁業	2		大工業	2
	理髪業	1		商業仲買商	2
	小計	5		会社支配人	1
サウス街・ハレカウヲ街角	商店主	1		自動車業	2
	会社	1		漁業仲買商	1
	運送業	1		魚仲買業	1
	氷製造業	1		商業	5
	漁業	6		無職	1
	大工職	2		氷店	1
	ギャソリン漁業	2		理髪業	1
	漁業会社社員	1		仲買業	1
	木村商会店員	1		農業ホノム耕地	1
	不明	1		漁具商	1
	小計	17		洋服商	1
ハレカウヲ・ビエンドポンチポール・ギャベ街	魚商	1		店員	1
	漁業	2		僧侶	1
	鍛屋業	1		不明	5
	小計	4		小計	57
馬哇島ラハイナ	理髪業	4	加哇島ククイ浦	漁業	6
	商業	4		小計	6
	漁業マウスエア	2	ワイルク	商業	1
	小計	10		氷業	1
クイン街	染物業	1		耕地整理業	1
	菓子屋業	1		小計	3
	荷車業	1	ホノルル府	漁業	2
	ヅライバー	1		ギャソリン漁業	2
	魚仲員	1		小計	4
	漁業	4	キング街橋側	ギャソリン漁業	1
	船員	1		漁業	1
	商業	1		小計	2
	小計	11	キング街カリヒ方面	漁業	2
				小計	2

（出所）森本孝「解説2」『かむろ復刻版第2巻』（みずのわ出版、2002年）、389頁。

表 6-2 初期官約移民の大島郡村別人員数

昭和30年町村合併	異動	明治22年市町村制	明治12年郡区町村制	明治18年1月第1回船 男	女	計	明治19年1月第3回船 男	女	計	明治20年11月第4回船 男	女	計
東和町		油田村	伊保田村	7	1	8	10	6	16	7	4	11
			油宇村	23	12	35	9	5	14	10	4	14
		和田村	和田村				6	3	9	1	1	2
			内ノ入村				2	1	3			
			小泊村	2	1	3						
		森野村	和佐村	9	9	18	9	5	14	10	9	19
			神ノ浦村				1		1			
			森村	2		2	3	2	5	1	1	2
			平野村	7	3	10	8	4	12	18	10	28
	白木村	家室西方村	地家室村	12	1	13	11	5	16	15	4	19
			沖家室島	1		1	1	1	2	2	2	4
			西方村	6	2	8	12	4	16	11	2	13
			外ノ入村				3	1	4	18	4	22
橘町		日良居村	日前村	3		3	4	3	7	4	3	7
			土居村	5	1	6	3	1	4			
			油良村									
			浮島									
	安下庄町	安下庄村	東安下庄村	3		3	29	16	45	7	5	12
			西安下庄村	5	1	6	23	12	35	13	5	18
	昭和31年橘町編入	→	秋村	6		6	8	5	13	4	2	6
大島町		沖浦村	出井村				1	1	2	4		4
			戸田村	4		4	6	1	7	4		4
			横見村	3		3	6	1	7	2	2	4
			日見村				1		1	1	1	2
	大島町	小松町 小松志佐村	志佐村	5		5	7	5	12	4	4	8
			小松開作村	10	2	12	12	10	22	7	1	8
			小松村	24	15	39	11	10	21	8	3	11
			笠佐島	3	3	6				2		2
		屋代村	東屋代村	2	1	3	17	6	23	13		13
			西屋代村	7	3	10	6	4	10	14	1	15
		蒲野村	東三浦村	3		3	2		2	2	1	3
			西三浦村				3	2	5	7	3	10
久賀村	昭和31年久賀町編入	→	椋野村	5	2	7	5	1	6	5	1	6
	久賀町	久賀村	久賀村	30	5	35	25	12	37	30	11	41
昭和29年柳井市編入	平郡村	平郡島	平郡島	35	21	56	19	9	28	35	14	49

（出所）土井弥太郎『山口県大島郡ハワイ移民史』（マツノ書店、1980年）、43頁。

表 6-3　沖家室の米州移民調査（大正八年家室西方村役場調） (世帯)

年	帰朝者	渡航者（在外者）	年	帰朝者	渡航者（在外者）
明治 17 年	0	1	35	16	12
18	0	0	36	11	8
19	1	0	37	11	6
20	0	9	38	12	4
21	0	1	39	13	11
22	3	5	40	14	10
23	5	3	41	14	0
24	2	0	42	8	4
25	6	14	43	12	3
26	2	3	44	6	1
27	2	6	大正 1	7	8
28	6	2	2	5	9
29	3	0	3	3	6
30	11	35	4	4	5
31	8	17	5	5	9
32	8	19	6	4	11
33	8	17	7	5	12
34	7	9	計	221	261

（出所）大野盛雄「沖家室の漁業」（『東洋文化研究所紀要』12号、1957年）、89頁。

2．『かむろ』によるホノルル在住者の職業と居住地区

　本節ではまず、A＝『かむろ』第2号（1915年1月）、B＝同第6号（1916年1月）、C＝同第21号（1919年1月）の本島人略表（人名録）に記載されたホノルル在住者の名前と職業、居住地区をわかりやすく示したものである（くわしくは巻末の資料を参照のこと）。なお、ABCは3号とも、ABやBCは各2号のみ、A・B・Cは各1号のみ記載のある人物である。号によって名前が少し異なる場合は括弧で示した（ABの記載順、地区区分もABに従う）。

ホノルル府（その他）
今宮仙太（仙太郎）　漁業　市外エヅィー　AB
福田友治郎（友二郎）　漁業・ギャスリン　イリブー　ABC
西村鹿三　ギャソリン漁業　AB

横山爲次（爲蔵） 漁業・ギャスリン　イブリー　ABC

柳原彌助　漁業　A

キング街橋側在住者

港谷辰之助（勝五郎）　漁業・ギャスリン船　カカアコ　ABC

林亀吉（亀太郎）　漁業・ギャスリン　ホテル街　ABC

キング街角ベレタニア街在住

福田猪作　布哇漁業会社社員　パラマキング街　ABC

石崎岩蔵　請負業→貸家業　キング街パラマ　ABC

柳原爲蔵　鍛冶職　パラマキング街　ABC

柳原治作　鍛冶職　パラマキング街　ABC

キング街カリヒ方面在住

石崎政一　漁業・ギャスリン　カリヒ　ABC

八木安太郎　漁業　カリヒ　ABC

ポンチボール下街およびハレカウラ街在住者

松本政吉　漁業・ギャスリン　イブリー　ABC

西村熊吉　ギャソリン漁業　AB

西村百一　理髪業→雑業　カカアコ　ABC

福谷源三郎（福田源三郎・福田源次郎）　漁業・ギャスリン　カカアコ　ABC

大谷鶴吉　ギャソリン漁業　AB

サウス街およびハレカウラ街角在住

柳原常吉（常助）　柳原商店主　ハレカウラ　ABC

吉谷（古谷）重助　ズライバー職→川原商店員　カカアコ　ABC

柳原良助　漁業運搬業　カカアコ　ABC

福田仙吉　氷製造処→運搬業　カカアコ　ABC

北川政吉（政五郎）　漁業・ギャスリン　カカアコ　ABC

岩本浅吉（浅五郎）　漁業・ギャスリン　カカアコ　ABC

松尾勇一　大工職　カカアコ　ABC

中田清次郎（清二郎）　ギャスリン漁業　ABC

林幸蔵　布哇漁業会社員　AB

青木万次（万治）　大工職　カカアコ　ABC
谷村辨四郎　漁業・ギャスリン　カカアコ　ABC
谷村丈一　谷村辨四郎令息　C
青木忠一　漁業・ギャスリン　カカアコ　ABC
柳原市之助　漁業・ギャスリン　カカアコ　ABC
中田利吉（クマ）　漁業→無　AB
松野常吉　漁業・ギャスリン　ABC
柳原雪蔵　木村商会店員　カカアコ　ABC
三国一　布哇漁業会社出勤　A
叶山茂三郎　漁業・ギャスリン　カカアコ　ABC

ハレカウラ街およびエンドポンチボール街およびキャベ街

大谷松治郎（松二郎）　魚仲買商　ハレカウラ　ABC
大谷兎三之助　兄（大谷松二郎）と同居　C
柳原（松原）久太郎　漁業　カカアコ　ABC
濱田榮助　サレ（佐連？）の人目下負傷入院中　A
柳原六助　漁業　AB
柳原新一（眞一）　鍛屋職→鍛冶職兼自動車経営　ワヘヤワー　ABC

クイン街

青木一二郎（市次郎）　そめもの業→染色商業ピーナツ卸売　カカアコ　ABC
青木八蔵　菓子行商　クイン街　ABC
川泊勘太郎　目下住所を知らぬと通信有之候　A
林佐次郎（亀吉）　漁業運搬業　ABC
矢野亀太郎　ヅライバー　AB
石崎福太郎　魚仲買商　ホテル街　ABC
福田清吉　漁業・ギャスリン　サウス街　BC
柳原彌助　漁業・ギャスリン　サウス街　B
北村喜之助　船員　クイン街　B
青木亀蔵　商業→漁業・ギャスリン　イブリー　BC
安本庄作　漁業→漁類運搬業・ギャスリン　BC

青山熊治郎　漁業　B
不明
平川喜之助　漁業・ギャスリン　C
林勇治　漁類運搬業　C
柳原勝次郎　漁類運搬業　C
河村源蔵　漁業・ギャスリン　カカアコ　C
中田由松　Fort Land　C

　表6-1で示されたのはBに記載の49名で、AとCを合わせると総計は59名で、職業はやはりほとんどが漁業、漁業会社員、あるいは魚商、魚類運搬業、氷製造、造船所（大工）など、漁業と関連する仕事である。居住地もほとんどがカカアコ地区で、図6-2でみられるようにポ（パ）ンチボール（PUNCHBOWL）街はこの地区の西端にある南北の通り、サウス（SOUTH）街、キャベ（ケアウエ）（KEAWE）街も地区内の南北の通りで、ハレカウラ（HALEKAUWILA）街、クイン（QUEEN）街は地区の中心にある東西の通りである。キング（KING）街は地区の北端にある東西の幹線道路であるが、橋側というのは多分、地区の西側にあるヌアヌ川（リバー街・図6-2左の枠外）の橋近くを指し、それよりさらに西側がパラマ地区、その海側がイビレー（イブリー）地区で、一覧の最初のホノルル府（その他）の人達はここに居住していたと思われる。また大谷松治郎は、この地区にできたアアラ魚市場に1918年に移転している。さらにこの西側にカリヒ地区がある。Cは地区区分がなされていないので一覧の最後の不明者の場合も居住区はおそらくカカアコ地区内のいずれかであると思われる。

3．主な人物の紹介

①三国一　彼については、『ハワイに渡った海賊たち——周防大島の移民史』の「奇兵隊士からハワイへ（明治一八年）」の記述を要約すると、沖家室から唯一の第1回官約移民で、渡航時の年齢が31歳11ヶ月、就職先がマウイ島ワイルク、そして3年後の明治21（1888）年に帰国。明治31（1898）年に再

第6章　山口県沖家室島の出身者

図6-2　カカアコ地区の地図（1927年頃）

(注) 地図中の番号は第4節の本文中の番号と一致。
(出所) Ethnic Studies Oral History Project, *Remembering Kakaako: 1910-1950*, Vol. I, University of Hawaii, manoa, 1978の付図をもとに筆者作成。

び渡航し、この時の勤務地はエワ耕地（オアフ島）で、農業か製糖業に就く目的で移民会社の森岡真の募集に応募したとある[4]。『かむろ』における彼に関するこのほかの記事としては、第1号の消息欄に「ハワイホノル丶カ、アコ柳原商店、会社ヘオツトメダサウデス」[5]とあるので、第2号と同様、布哇漁業会社に勤めていたのであろう。その後の消息は不明である。

②**石崎岩蔵**　彼も『かむろ』第1号によると、「カカアコ柳原商店に住み漁業」[6]とあるが、その後、貸家業で成功した。ハワイの日本語新聞『日布時事』1922年の［地方巡廻記］のシリーズで「パラマ地方紹介（十四）」の記事中、出雲大社（第2章の図2-3参照）付近の項目で彼の貸家のことが記されてい

る。

　　出雲大社分院の小路を入ると石崎岩蔵氏所有家屋が三棟ある。総て二階建で、其所に居る同胞の姓を揚げて見ると、
　　清水写真師、重永、神谷、井上、松本、芳賀、中原、神谷、鈴川、小倉、兼田、馬場、木村、間藤、神山、矢野、山田、紙子、福嶋
　　石崎氏の話しによると、此所に土地をリースし、家を建築してから十五年になるが未だ死者をださない。これだけ不思議ですと云っていた。尚ほ此の館府には十歳位を頭に二十五六人の子供が居ると云ふ。[7]〔以下略〕

なお、第8章で紹介するが芳賀武『ハワイ移民の証言』によると、芳賀は1917年5月に上陸し、石崎キャンプ（館府）に住んでいたという[8]。

石崎家は沖家室の旧家であり、『東和町史』によると「慶長十一年（一六〇六年）に、伊予興居島を領有していた石崎次郎左ヱ門が一族三〇人の者と移住し、帰農したのが近世沖家室の始まりであるという。石崎氏のほかに林、金井、柳原、安本、といった人々が来往したが、いずれも伊予河野氏の家臣であったと伝えられている。このほかに江戸時代の中ごろまでに来往した家は青木、木村、古谷、白銀、岩本、西村、大谷、八木、山本などであった」[9]。

なお、石崎姓は第1節の人名録ではほかに2人みられる。

③柳原常吉　柳原家も旧家であるが、ホノルル市では彼が中心人物だったようである。『かむろ』第1号の消息欄をみると先述の三国一など多くのホノルル在住者の住所（連絡先）が彼の店になっており、沖家室惺々會のホノルル支部長をつとめていた。沖家室出身者は彼を頼ってホノルルに赴いたのではないかと思われる。森本孝も『かむろ復刻版』第2巻の巻末の解説で、「オアフ島で沖家室島民が集まるよりどころとなっていたのは、ホノルルに住み、幅広く商業を行っていた柳原常吉の経営する柳原商店であったようである」[10]と述べている。

④大谷松治郎　彼はハワイにおける日本人漁業界の発展に貢献した人物である。彼の略歴は次節でもみるが、ここでは彼の自叙伝である『わが人となりし足跡——八十年の回顧』により、彼と関わりのあった同郷の人物を中心に

第 6 章　山口県沖家室島の出身者

記述してみよう。

　彼は明治 41（1908）年に 18 歳でハワイに渡航、ホノルルに上陸した直後に川泊勘太郎の勧めで沖家室の者が沢山いるカカアコに居住し、木村啓助も同居していた。太平洋学院に 2 ヶ月半通学した後、昼間働いて夜はサウス街の浄土宗開教院の夜学校に 2 ヶ年通学した。その後、木村氏の紹介でマウイ島ラハイナにある同郷の柳原商店に入店したが、再びホノルルに出て、カカアコ、マミヨン街に家を借り 4 人で同居、浄土宗夜学校に通学した。

　そして沖家室の人達について、「その頃、早くから故郷沖家室出身の人たちが多数カカアコ地区に在留していた。記憶に残っている人は左記の人である。

　川泊勘太郎、娘マツヨ、川泊の母堂、木村啓助、古川浅吉、川本久次郎、柳原初蔵、松本政吉、福田、谷村辨四郎、松尾勇一、谷村彦由某、中田市太郎、岩本浅吉、大谷鶴吉、林サト、林大吉、石崎福太郎、青木興一、林亀吉、青木一次郎、青木亀三、安本庄作、柳原雪蔵、柳原常助、柳原爲蔵、横山為次郎、福田友次郎、石崎政一、松野常吉、西村鹿蔵、泉久三、青木寅蔵、浜田清助、佐藤団吉、松原久太郎、柳原六助、福田清吉、青木忠一、磯平吉、柳原源三、中田由松、青木万次、福田仙吉、青木八蔵、西村亀太郎、柳原久太郎」[11]（47 名、下線は筆者により、第 2 節で登場した人物を示す）とあり、いかにカカアコで同郷の人々が集まって住んでいたかがわかる。

　1911 年にはキング魚市場に大谷魚屋を開店し、同年、柳原六助の娘カネと出雲大社分院で結婚式を挙げた。1913 年には魚商のほかに魚行商も開始。1918 年、郷里より父を呼び寄せ、アアラ市場に移転開業。1919 年、弟の宇佐之助を呼び寄せ、父は帰国。弟は福田友次郎の娘と結婚。1920 年、弟と 2 人で合資会社大谷商会を設立し、鮮魚のほか食料雑貨を販売、その傍ら蒲鉾製造に着手した。このように郷里の人達との関係を大事にしながら事業を発展させていったのである。

　その他、『防長人士発展鑑』（1936 年）に掲載された次の 2 人も紹介しておく。

⑤**福田義勝**　親父友治郎氏は明治二十年台の渡航にして現にホノルル市に

在りて商業に従事す。氏は日本に生れ大正九年二月父の呼寄せに依りて渡布グランマースクール卒業後、自動車学校に入学し卒業後自動車修繕業、自動車倉庫並に日米雑貨商兼営したりしが、昭和七年現地に移転し自動車倉庫、自動車修繕業、ギャソリンステーション並に日米雑貨食料品店経営現時に至る。

カカアコ日本人会役員、沖家室人会々計、沖家室青年会々長、浄土宗教団役員。[12]

⑥北川政市　親父米蔵氏は三十年台の渡航者にして今尚ホノルル市に在り、氏は郷里の小学校を卒へ明治四十五年一月父の呼寄に依りて渡布しホノルル市に住し漁業に従事し、或は鳳梨会社に勤め、或は電気請負業に従事し更に転じて氷販売業を営み、傍レストラント経営して現時に至る。

製氷組合書記、ワイキキ共保会書記、カカアコ青年会創立者にして書記たり。[13]

いずれも親の呼寄せでハワイに渡航し、現在は漁業以外の仕事に従事していることがわかる。

4．浄土宗との関係および居住地

浄土宗は1894年に松尾定諦を初めてハワイに派遣し、次いで岡部學応がハワイ島に渡り、ハマクワに布教所を設けて布教に従事したことで広まっていった。ホノルルには1905年に布教が始まった。カカアコ地区のサウス街に本部開教院があったが（図6-2参照）、1932年に現在のマキキ街1429に移転している。岡部學応はもともと周防大島の浄土宗寺院である西蓮寺の住職[14]で、1894年ハワイに派遣されて1899年に帰国したが、ハワイの浄土宗と周防大島地域のつながりはここから始まっている。さらに、沖家室島の唯一の寺である泊清寺は江戸時代の寛文年間（1661～73年）に創建された浄土宗の寺であり、島民は寺の檀家である。したがって、ハワイにおいても沖家室の出身者はカカアコにあった浄土宗開教院の信者であった。マキキ街への移転を記念して刊行された『殿堂記念・洋上の光』（布哇浄土宗教団本部、1934年）

という書物で「信徒の面影」という部分が大半を占めている。そこに多くのホノルル在住の沖家室出身者が登場するので、次にその氏名・ホノルルの住所・生年・家族構成・略歴を紹介する（下線は筆者により第2節で登場した人物を示す）。

①<u>大谷松次郎</u>　カカアコ、コウラ街41　明治23年生　家族は妻、5男4女。
　明治41年渡布し、ホノルルに住み、各種の事業に従事し、ホノルルアラマーケットに於て生魚商及びカマボコ製造所を経営して今日に至る。沖家室人会の理事長、ホノルル日本人魚仲買組合の組合長、出雲大社教団の会計、カカアコ日本語学校の理事。[15]

②<u>柳原爲蔵</u>　カカアコ、ポフカイナ街711　慶応元年生　家族は妻、長男とその妻、孫2人。
　明治32年渡布。沖家室人会の幹部、出雲大社教団の幹部。[16]

③<u>福田義勝</u>　カカアコ、ハレカウイラ590　明治37年生　家族は妻、1男。
　大正10年渡布、昭和7年敷地を買求め、家屋を新築し、フクダサービスステーションを開く。沖家室人会の幹部。[17]

④<u>柳原眞一</u>　オアフ島カネオヘ　明治28年生　家族は妻、母、5男2女、弟。
　亡父<u>六助</u>氏は明治25年に渡布し、初め布哇島コハラに在りしが、後ホノルル市に移り各種事業に従事し、各方面に活躍しつつありしが、昭和2年死亡さる。
　眞一氏は布哇島コハラの生れ、ホノルル市にて各方面に活躍しつつありしが、現今では、カネオヘ、コーラルガーデンにグラスボートを経営し、観光客を惹いている。[18]

⑤<u>故青木一二郎</u>　カイムキセントラルハイ　家族は妻、2男1女。
　故一二郎氏は明治34年渡布され、カカアコを根拠として各方面に活動され、昭和5年逝去せらる。〔中略〕
　長男久雄氏は布哇大学を卒え、米本土の大学を卒業し今ではホノルル市カイムキのリロカラニジュニアハイスクールに教鞭をとりつつある。[19]

⑥**柳原良助**　カカアコ、コック街417　明治12年生　家族は妻、1男、甥。

明治38年コレア丸にて渡布し、今日に至る。沖家室人会の幹部、カカアコ日本語学校の幹部、カカアコ日本人会の幹部、ホノルル日本人協会の幹部。[20]

⑦**青木八蔵**　ポフカイナ街614　明治9年生　家族は妻、5男1女。

明治年間に渡布さる。氏は貸家業とレストランと、サービスステーションとを兼業され、物質的には成果を収めている。沖家室人会の重役、出雲大社教団の評議員、カカアコ日本語学校の学務委員、カカアコ地方人同志会の常務委員。[21]

⑧**岩本仙市**　ハレカウエラ街637　大正元年生　家族は母、弟、妹2人。

亡父岩本成治郎氏は明治29年渡布し、各方面に活躍し、同郷人の発展の為に努力しつつありしが、大正9年病を得て遂に逝去せらる。[22]

⑨**中田由松**　カイムキ8番935　明治22年生　家族は妻、1男1女。

明治38年渡布し、ホノルル市に住み、一意専心勉学し米本土に於ても勉強の結果、ホノルル市に歯科医を開業し、今日に至る。沖家室人会の副会長、全布哇歯科医会の副会長。[23]

⑩**松野常吉**　カイムキ13番　明治5年生　家族は妻、3男、長男の妻。

明治30年渡布す。[24]

⑪**福田友治郎**　カカアコ、イラロレーン　明治7年生　家族は妻、3男2女、長男の妻。

明治30年渡布す。[25]

⑫**柳原常助**　カカアコ、コウラ街446　明治9年生　家族は妻、2男5女。

明治32年渡布す。沖家室人会の重役、カカアコ日本語学校の学務委員。[26]

⑬**叶山勇一**　カカアコ、キヤベ街548　明治35年生　家族は母、妻、弟1人、妹1人、1男1女。

亡父茂三郎氏は、明治32年に渡布さる。

氏は沖家室青年会の副会長、カカアコ青年倶楽部長、カカアコ日本語学校同窓会会長、カカアコ日本語学校役員、カカアコ沖家室人会の評議員。[27]

⑭**八木力一**　サウス街550　明治38年生　家族は妻、3女。

父寅吉氏は明治30年渡布し、初め布哇島ヒロ市にて活動せしが、後年

日本に帰り、目下故郷に楽々と生活して今日に至っている。カ一氏は布哇島ヒロ市に於て生る、今より10年前ホノルル市に移り、各方面に活躍して今日に至る。カカアコ地方日本人会の会員、カカアコ沖家室青年会の会員。[28)]

⑮柳原雪蔵　カカアコ、サウス街550　明治19年生　家族は妻、2男。

明治37年渡布し、ホノルル市に住み、各方面に活躍して今日に至る。家室人会の幹部。[29)]

⑯青木萬治　ハレカウエラ街548　明治16年生　家族は妻、2男5女。

明治40年渡布し、ホノルル市に住み各種の仕事に従事して今日に至る。沖家室人会の理事とか、カカアコ日本語学校の地方理事とかをつとめる。[30)]

⑰安本喜代美　サウス街550　明治38年生　家族は妻、1男1女。

氏はホノルル市に生る、亡父正作氏は同郷人の爲には、献身的に世話をし同郷人にも信用が厚かった。氏は同郷の沖家室人会、沖家室青年会、カカアコ日本人会、浄土宗明照青年会、カカアコ日本語学校の世話もし、会発展の爲にも良く盡した。[31)]

⑱北川政市　ジョン、エナ、ロード487　明治31年生　家族は妻、2女。

大正元年渡布し、ホノルル市に住み各種の事業に従事し、今は北川ストーア主と氷販売業とを兼業して今日に至る。同郷人団体の会員を初めマカレー日本語学校の学務委員として、ワイキキ共保会書記として、氷販売組合の書記として盡力。[32)]

⑲古谷嘉助　オヒレーン408　明治36年生　家族は母、妻、1男1女。

大正8年渡布し、ホノルル市に住み各方面の事業に従事し、島行汽船の機関士として忠実に働きて今日に至る。[33)]

⑳西村熊吉　カカアコ、コウラ街515　慶応2年生　家族は妻、2男1女。

明治30年渡布し、ホノルル市に住み、今日に至る。過去に於ては、各方面の会の幹部として活躍もしたが、年と共に総て引退し、今日では西村雑貨店々主として、商店経営に専心している。[34)]

㉑青木亀三　カカアコ、コウラ街515　明治7年生　家族は妻、3男1女。

明治31年渡布し、ホノルル市に住居し爾来今日に至る。同郷たる沖家室人会の爲め、永年役員として努力せしが、今は顧問として相談役の大御

所となる。[35)]

㉒岡田實　ワイオラストレート1825　明治33年生　家族は父母、妻、1男1女。

氏はホノルル市に於て生れ、日系市民としては稀に見る真面目な成功者である。マカレー日本語学校の会計として能く盡さる。[36)]

㉓泉寛一　ポフカイナ街630　明治31年生　家族は妻、3男2女。

大正元年渡布し、ホノルル市に住み、各方面に活躍して今日に至る。カカアコ日本語学校の常務委員として大に学校の為に盡力さる。[37)]

㉔大谷宇佐之助　リリハ街　明治33年生　家族は妻、1男1女。

大正7年父の呼寄によりて渡布し、1926年商業視察に米大陸に行き、其後大谷商会支配人として活動し、1920年大谷合資会社と称し実兄と共に経営しつつあり。[38)]

㉕福田タカコ　カカアコ、サウス街510　家族は4男2女。

父仙吉氏（明治23年生）は明治37年渡布し、ホノルル市にて活躍せしが、病を得て遂に昭和8年死去さる。[39)]

㉖松尾勇一　カカアコ、サウス街550　明治16年生　家族は1女。

明治39年渡布し、ホノルル市に住み各方面に活動して今日に至る。長女綾子嬢は布哇女学校を卒業し、馬哇島マルヤマ日本語学校の教師として奉職している。[40)]

㉗青木正一　ポフカイナ街836　明治41年生　家族は母、弟妹。

亡父忠一氏は明治41年渡布しホノルル市に住みしが、昭和4年病を得て遂に死去す。氏はグラージにつとめ、母と弟妹を養ふ。[41)]

㉘戎崎七右衛門　ワオード街221　明治31年生　家族は妻。

父品蔵氏は明治32年渡布され、ホノルル市に住み各方面に活躍せしが、今は日本に帰郷さる。[42)]

㉙林かん　リバー街1063　明治7年生。

亡父亀太郎氏は明治44年渡布し、ホノルル市に於て各種の事業に活動しつつありしが、大正15年病魔に襲はれ遂に死去さる。[43)]

以上、計29名で家族を含めるとかなり多数の人数となる。渡航年代は明

第6章　山口県沖家室島の出身者

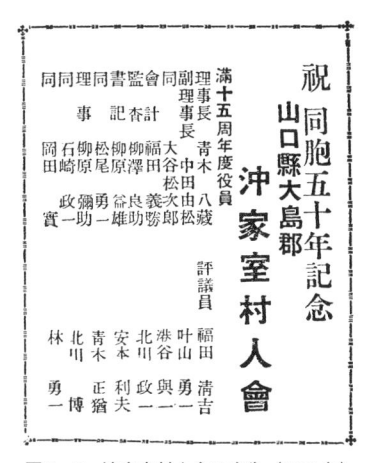

```
祝　同胞五十年記念
　　山口縣大島郡
　　　沖家室村人會

滿十五周年度役員
　　　理事長　青木八藏
　　　副理事長　福中由松
　　　會計　大澤郎次郎
　　　書記　柳谷義雄
　　　監査　松尾勇一
　　　同理事　柳原良一
　　　同理事　石崎彌助
　　　理事　岡田政實

評議員
　　　福山稻吉
　　　叶谷勇一
　　　港川與一
　　　北川政夫
　　　安本利猶
　　　青木正博
　　　北川　　
　　　林川勇一
```

図6-3　沖家室村人会の広告（1935年）
（出所）日布時事社編『官約日本移民布哇渡航五十年記念誌』（日布時事社、1935年）、82頁。

治30年代を中心にその前後がほとんどである。1934年の頃なので、第1節の『かむろ』人名録から20年近く経っているが、半数近くの人物が引き続いて活躍し、ハワイ浄土宗に関わりを持って暮らしていることがわかる。すでに亡くなった人物もいるが、それでもホノルルで息子たちが後を継いでいることがみて取れる。

　住所をくわしく調べると、29名中の21名がカカアコ地区で、内訳はサウス街5名、コウラ街・ポフカイナ街が各4名、ハレカウエラ街3名、コック街・イラロ街・キャベ街・オヒ街、ワード街が各1名である（図6-2参照）。表記の番地によって地図の上で位置を調べると、各家の位置が図6-2中の番号のようになった。みられるようにすべてHALEKAUWILA ST.（ハレカウラ街）より海に近い方で、わりと近い所に集まって住んでいたことが判明した。とくに⑭⑮⑰㉖と⑳㉑は同じ番地で、同居していたことも考えられる。なお、①の大谷と⑪の福田の住所は、カカアコ地区であるがALA MOANA ST.よりさらに海側（図6-2の下）のため地図上に示されていない。

　なお、ハワイにおいて「沖家室村人会」が存在していたようで、その広告が1935年に掲載されている（図6-3）。満15周年度とあるので、1920年頃に設立されたようである。理事長・副理事長をはじめ、多くの役員がここで

みられる人物達である。カカアコを中心にして沖家室の人々がまとまって生活していたことが知れる。

なお㉘の戎崎七右衛門の漁具店と第2節に登場の谷村丈一の造船所については第5章の広告参照のこと。

5．おわりに

これまでみてきたように、多数の沖家室出身者がハワイのホノルルにおいて、とくにカカアコ地区を中心に住んでいた。漁業に関連する職業に就いて、仕事の上でお互い助け合いながら生活していたものと考えられる。また故郷の寺院との関係で引き続き浄土宗を信仰するものが多く、精神的にも結びつきが強かった。故郷との関係では、『かむろ』という情報誌が大きな役割を果たし、島民がその情報によってハワイなど海外との行き来をすることが容易になったことが想像できる。海外にこうした分村が1910年代にすでに存在していたことは、当時として非常に珍しいことと思われる。

このように沖家室出身のホノルルにおける漁業関係者について史料で明らかにすることはできたが、現在その後継者が存在しないのは残念なことである。カカアコ地区も今は港近くの倉庫街となり、当時の面影はまったくみられない。

【注】
1) 森本孝「解説2　大正五年一月発行『かむろ　第六号』に見る沖家室島民の移民動向」(泊清寺編『かむろ復刻版　第二巻』みずのわ出版、2002年)、384-385頁。表6-1は389頁。
2) 土井弥太郎『山口県大島郡ハワイ移民史』(マツノ書店、1980年)、43頁。
3) 大野盛雄「沖家室の漁業」(『東洋文化研究所紀要』第12号、1957年)、89頁。
4) 堀雅昭『ハワイに渡った海賊たち——周防大島の移民史』(弦書房、2007年)、66-69頁。
5) 『かむろ』第1号(沖家室惺々會、1914年)、19頁。
6) 同前。
7) 「パラマ地方紹介(十四)」、『日布時事』第7513号(1912年11月2日)。

8）芳賀武『ハワイ移民の証言』（三一書房、1981 年）、99 頁。
9）東和町編・田村善次郎監修『東和町誌・各論編——第二巻　集落と住居』（山口県大島郡東和町、1986 年）、275 頁。
10）前掲注1）、390 頁。
11）大谷松治郎『わが人となりし足跡——八十年の回顧』（M・大谷商会、1971 年）、31 頁。
12）松田元介『防長人士発展鑑』（山都房、1936 年）、886 頁。
13）同前、918-919 頁。
14）前掲注4）、98 頁。
15）『殿堂記念・洋上の光』（布哇浄土宗教団本部、1934 年）、101 頁。
16）同前、103 頁。
17）同前、109 頁。
18）同前、112 頁。
19）同前、113 頁。
20）同前、121 頁。
21）同前、122 頁。
22）同前、124 頁。
23）同前、128 頁。
24）同前、132 頁。
25）同前、135 頁。
26）同前、136 頁。
27）同前、157 頁。
28）同前、184 頁。
29）同前、200 頁。
30）同前、204 頁。
31）同前、211 頁。
32）同前、213 頁。
33）同前、216 頁。
34）同前、221 頁。
35）同前、261 頁。
36）同前、271 頁。
37）同前、287 頁。
38）同前、290 頁。
39）同前、293 頁。
40）同前、294 頁。
41）同前、295 頁。
42）同前、296 頁。
43）同前、299 頁。

第7章
日本人旅館の変遷

　ハワイの日本人の間で、旅館業はもっとも早くから発達した職業の一つであった。日本からハワイに出稼ぎにやってきた移民達が移民局での検査をすませてホノルルに上陸し、最初に赴くのは、日本人が経営する宿屋（旅館）であった。その後、「旅館」から「ホテル」と呼ばれるようになり、建物も木造から鉄筋コンクリートへと変貌し、その役割も変化していくが、常にハワイの日本人社会の発展に大きく貢献してきたと考えられる。そこで中心都市ホノルルにおける日本人旅館の草創期から現代に至るまでの変遷を明らかにしておくことは重要であると思われる。本章ではまず1920年頃までの初期の発展の有様やその特色および役割について、さらにそれ以後の日本人旅館の役割や第2次大戦を経て、現代に至るまでの変遷についてまとめてみたい。

1．草創期の旅館と宿屋組合

　ハワイにおける日本人旅館は、1889年に小島定吉がホノルルのベレタニア街に開業したのが最初といわれている。[1] 真宗の僧侶でハワイに単身渡航した曜日蒼竜の『布哇紀行』（1889年）によれば「〔明治22年〕三月二日布哇国オアフ島ホノルル府港に着す〔中略〕府のベレタニヤ街旅亭小島定吉方に至る〔中略〕十三日より小島の宿を辞し」とあり、[2] 同書には「小島定吉（山口県人）村岡勝三郎（仝）島村正造（仝）河村利助（共済会病宿）鈴木長吉（東京）中島元次郎（山口県）」と、全部で6名のホノルル日本人旅亭の経営者の名が記されている。[3] これらの旅館のうち、小島旅館は小島定吉氏が病弱のために、川崎喜代蔵氏が自分の蓄えと領事館の援助金を足して買い取り川﨑屋（旅館）を始めたという。[4] その他の旅館はその後どうなったかは明らかでない。

127

当時のハワイの住所録を調べると、1890年にKishimoto T（岸本敏祐）がヌアヌ街でlodging house（食事が通常つかない下宿）を、Kojima S（小島定吉）がベレタニア街でboarding house（まかないつき下宿屋）を営んでいた。1892～93年には、Kishimoto Tはboarding house、Kojima Sはgeneral merchandise（雑貨店）となり、代わってKawasaki K（川崎喜代蔵）がベレタニア街でlodgingsを営み、Kobayashi U（小林卯之助）ら数人もboardingあるいはlodging houseを経営していたことがわかる。

　1893年頃に、日本人商業団体として最初に宿屋組合が組織されるが、その頃について様々な記述がみられる。そのなかで『官約日本移民布哇渡航五十年記念誌』（1935年）に掲載された山城松太郎氏（山城旅館主）の回想録が詳しいので、以下に紹介する。

　　宿屋組合創立は記録紛失して不明であるが、確か明治二十六年頃と思ふ。当時ホノルルに於ける日本人宿屋は岸本敏祐氏の岸本旅館、吉野屋（山城旅館前身）、水羽源三郎氏の水羽屋、小林卯之助氏の布哇屋、佐藤好助氏の宿屋、川崎喜代蔵氏の川崎屋、西村周助氏の大島屋、錦田直太郎氏の広島屋、市川熊太郎氏の福岡屋、木村彌三郎氏の肥後屋、渡邊宗吾郎氏の熊本屋、伊豆野甚太郎氏の九州屋、藤本七蔵氏の中国屋（米屋旅館前身）、岩本長四郎氏の菊屋、太田米蔵氏の大田屋、長谷助三氏の旅館等で場所はヌアヌ、ベレタニア、パウアヒ、マウナケア、ホテル街の方面に多くあった。初代組合長は長谷氏で二十七年頃に一時ホテル街の和發のあたりに合併宿屋を営んだが直ぐ解散して元通りに分かれて営業した、私は二十九年に組合会員になったが明治四十一年まで一期間を除いて小林卯之助氏がズット組合長であった〔以下略〕。

　外務省通商局の『通商彙纂』第37号（1896年3月）によると当時の日本人旅人宿の数は15戸とあり、宿屋組合創立当時とそれほど変わっていない。
　好調な滑り出しであった日本人旅館であったが、1900年1月20日にチャイナタウンで起こった「ペスト焼き払い大火」で全焼してしまった旅館が多数あった。その後まもなく発行された『増補改訂新布哇』（1902年）には、宿

屋組合事務所のほか、宿屋として川崎旅館（兼商店）、柳井屋、小林旅館（兼商店）、氷屋肥後屋（兼料理店）、広島屋、大島屋、角屋九州亭（兼料理店）、岩国屋、福岡屋の9軒が焼失したと記されている。この記録にみられるように、当時の旅館は商店・料理店を兼業とする場合もいくつかみられた。

大火で被害を受けた旅館も、一時他の場所で仮営業した後、もとの場所の近くで営業を再開した旅館が多かった。

そして、1903年頃、宿屋組合は次のような新聞広告を出している。

旅館案内

今般在米領ハワイホノルル市日本人宿屋組合は協議の上左の通り連名を以て広告仕り候也

業務の大略

1、各島諸君の御便利を計り宿泊は勿論帝国総領事館其他諸官衙に対する諸願伺届一切の手続き

2、各移民会社に於ける積立金取下げの手続き

3、帰朝及び渡米乗船切符総て一切の手続き

4、妻子呼寄せ上陸の際税関其他一切の手続き

其他労働者に関する労働口等凡て丁寧懇切に御取扱い申すべく候間倍旧御愛顧陸続後投宿の程偏へに奉願上候也

福岡屋	市川熊太郎	ホノルル、	リリハ町
水羽屋	原本他市	同	マヌケア町ベレタニア町
新潟屋	西村周助	同	ケカウリケ町
川崎屋	川崎喜代蔵	同	リヴァー町
熊本屋	有働美則	同	オアフ鉄道停車場前
山城屋	山城松太郎	同	ベレタニア橋詰
九州屋	福島初太郎	同	北キング町
泉屋	小林卯之助	同	パラマ元英国領事館前
中国屋	米屋三代槌	同	リバー町パウアヒ町角
肥後屋	高木源太郎	同	リリハ町
柳井屋	平野竹次郎	同	ベレタニア町橋詰

このように、旅館は宿泊のみでなく、総領事館への届出、移民会社に関する事務、日本およびアメリカ大陸への乗船・荷物の扱い、家族の呼寄せの手続き、さらに仕事の周旋など多岐にわたり、それらに対する手数料が主な収入であった。「専ら在留民の便宜をも図りつつあるが故に一面代書事務所の感あり」とも記されている。旅館の数は11軒で、宿屋組合創立当時よりやや減少していることがわかる。

次に、1904年頃の日本人移民の様子を紹介した『最新正確布哇渡航案内』は興味深い。まず、移民の上陸後の模様について次のように記述している。

〔ホノルヽに上り〕いよいよ移民官の検査も済み税関の荷物検査調べも終へた後は、ホノルヽに上陸するものは、検査所前に待ち受けたる知人又は宿屋の客引きに誘はれ馬車に乗るもあり徒歩するもあり一旦宿屋に落ち付き茲にて十数日間のくつろぎを癒すのである、桟橋から宿屋迄の馬車賃は一人前二十五仙位なれば不体裁の身なりをして徒歩するより思ひ切って馬車に乗るがよろしい、荷物は別に荷車にて運搬するが是は凡て宿屋の番頭が世話をして呉れるから之に一任して身体のみ先に行くのだ、此荷物運搬賃は大小によりて差異があるが大抵一個十仙か二十仙位である、此馬車荷物運送賃の如きも凡て横浜の如く宿屋にて周旋して呉れる、其他横浜にて汽船会社に預け置いた見せ金及旅券の受取り並に領事館の登録其他一切宿屋に任するのである〔中略〕其取扱方から宿料等も同一であるから、何れの宿屋に投宿するも相違はないが、大抵県別により同県人の宿屋に投宿することになって居る、左すれば知人の捜索にも便利で言語も同じく事情も通じて万事調法であります。

次に日本人旅館の有様については、以下のようである。

日本人宿屋　宿屋組合に加盟せる宿屋の数11軒あり、肥後屋、九州屋、熊本屋〔以上熊本県〕川崎、米屋、柳井屋〔以上山口県〕水羽屋「原本」、新潟屋「西村」、山城屋、泉屋「小林」〔以上広島県〕及び福岡屋〔福岡県〕是なり、此等の宿屋は組合を作り互に同盟して営業し船切符買入の際汽船会

社代理店より手数料を得るの特権あり、此外小松屋、神州屋〔共に広島県〕あり。

　日本旅宿の殺風景には一驚を喫せざるを得ない、一室に這い入れるだけ客を詰め込み夜具といったら広い汚れた蚊帳一張に丸太を引切たる枕一箇づつ貸すのみで寝る時は自分の夜具を用ひねばならぬ敷物と云ったら板の間に莫蓙一枚張ったきりで火鉢もなければ茶器もなく手を叩いて下女を呼ぶの便もない、飯時とても別に膳を客室に持ち運ぶでなく、下女が案内に来るでもなく賄方が鈴を鳴らして合図をするから之を聞いて食堂に行くべし、飯時でなければ茶が飲みたくとも無いと云ふ有様で日本で云ったら丁度気の利かない木賃宿同様只寝さして食わせるのみ、初めて渡航した人の驚くのは此宿屋である〔。〕十数日間海路の難儀を凌いでやっと一安心と思ふ所に右の有様にて誠に不自由極まるが馴れれば左までにあらず、凡て西洋では客間と食堂とを区別し食事も時間を定めて時間外には一切飲食をせぬことになって居る、日本人宿屋も此点は西洋風である、宿料は時々物価の高低により増減あるが目下の相場は一食一五仙一日三食で四五仙に泊料五仙として、一日の宿泊料は並等五〇仙である、外に特別と云ふのがあって食物は並等と同じ様だが寝台夜具も付きまた一人一室である是は一日が食料共七五仙です。[11]

　その他、西洋の旅館としてモアナホテル、ハワイアンホテル、ヤングホテルの３軒、また紳士紳商と呼ばれる人は普通の旅館に入らずに海水浴館に投宿することや、海水浴館は望月、東洋館、とかしの３軒があることを記している。
　ここで、宿屋組合創立当時の旅館の、その後の名称や館主の変更について、知られる限り明らかにし、以下にまとめておく。

「岸本旅館」岸本敏祐
「吉野屋」→「宇品屋」→「藝州屋」→「山城旅館」山城松太郎（広島県安芸郡仁保島村）
「水羽屋」水羽源三郎→原本他市（広島県安佐郡三河村）→「原本旅館」

「布哇屋・泉旅館」→「小林旅館」小林卯之助（広島県佐伯郡地御前村）
「川崎屋」川崎喜代蔵（山口県大島郡久賀村）
「大島屋」→「西村旅館」→「新潟屋」西村周助（山口県大島郡屋代村）
「広島屋」錦田直太郎（広島県安芸郡仁保島村）
「福岡屋」市川熊太郎（福岡県企救郡東郷村）一時「肥後屋」と合同
「肥後屋」木村彌三郎（熊本県飽託郡船津村）一時「福岡屋」と合同→高木源太郎
「熊本屋」渡邊宗吾郎（熊本県菊池郡）→有働美則
「九州屋」伊豆野甚太郎（熊本県上益城郡甲佐村）→福島初太郎
「中国屋」藤本七蔵→「米屋旅館」米屋三代槌（山口県玖珂郡今津村？）
「菊屋」岩本長四郎→「中国屋」（米屋三代槌・岩本長四郎）
「太田屋」太田米蔵（広島県佐伯郡廿日市町）
「小松屋」佐藤好助（山口県大島郡小松町）→相川茂助→「柳井屋」→「平野旅館」平野竹次郎（山口県玖珂郡柳井町）
（下線を施したものは藤井秀五郎『増補改訂新布哇』（文献社、1902年）、671-672頁に掲載された旅店）

　みられるように、旅館名は館主の出身地を冠したものがほとんどであることがわかる。
　旅館と出身地との関係については、ジャック・Y・タサカは次のように述べている。

　　草分け時代のハワイの日系人社会では同郷人意識が非常に強く、同じ県、同じ郡、同じ市町村、はては同じ字の人々が相寄り相助けて事に当たる傾向が強かったので、日本人旅館の顧客たちも経営者と同県・同村の出身者が主体となっていました。
　　従って広島県出身の人々は広島県人が経営する山城旅館・小林旅館・尾道屋旅館などを多く利用し、山口県出身者は川崎旅館・小松屋旅館・米屋屋旅館などを利用。
　　また九州出身の人たちは福岡屋、熊本屋のちの西海屋、東北地方とくに

福島県人は東北旅館、沖縄県出身の人たちは九州屋旅館など、主として同県人が経営する旅館を利用していました。

そして、各県からハワイに来航する移民の多少によって、同県人が経営する旅館の数や勢力に違いが生じました。

面白いのは広島県人の場合です。ハワイに来航した移民の総数では広島県人は終始第一位を占めるほど多数だったので、その利用するホノルルの旅館も、広島市内や安芸郡、とくに仁保村の出身者は山城旅館を利用し、佐伯郡・安佐郡出身の人たちは小林旅館を、尾道・松永・福山など備後出身の人たちは主として尾道屋旅館を利用しました。

また山口県出身者の場合は、移民村として有名な大島郡の人々は川崎旅館や小松屋旅館を、玖珂郡出身の人たちは主として米屋旅館を利用しました。

というのは各旅館では紛失してはいけないと、顧客の旅券・戸籍謄本・出生証明書・などの重要書類を預かって頑丈な大きな金庫に収めて保管するのがシキタリとなっていたので、もし日本に帰国したり再渡航したり、日本に残した妻子を呼び寄せたりする際には、馴染みの旅館に頼めば一切の必要書類が揃っているので便利ですし、また日本の村役場に届け出る結婚・出生・死亡・徴兵猶予など一切の手続きは旅館の方で取りしきってくれました。

ホノルルの日本人旅館にとって最上の顧客は島地に在住する人たちで、特に日本に往復する場合には日本行きの便船や各島間の島通いの船便を待つ間、一週間も二週間もホノルルの旅館に逗留しなければならないので、宿屋にとっては最良のお客でした。[12]〔内容一部省略〕

本節の最後に、宿屋組合創立当初から長年にわたって営業を続けた、最大手の四つの旅館について、創業者を中心としてまとめておく。[13]

川崎旅館 1885年2月に第1回官約移民としてハワイに来航した山口県大島郡久賀村出身の川崎喜代蔵はカウアイ島カパアで3年間就労し、1888年にホノルルに出て、領事館でしばらく働いた後、1891年マウナケア街ベレタニア街角の通称カナカ教会の近くに旅館を開業した。1900年1月のペス

ト焼き払い大火で類焼したため、北ククイ街に移って営業を再開したが、ホノルル港の桟橋から遠いので、1902年にリバー街でベレタニア街より山手2軒目に移転して18年間営業し、家督を長男の川崎正一に譲って引退した。

小林旅館 小林旅館は、広島県佐伯郡地御前村出身の小林卯之助が1892年に創業した。彼は村役場の助役であったが、1890年に渡米して、サンフランシスコ郊外のぶどう園に就労中、叔父の小林千古画伯からハワイが将来有望なことを教えられ、同年8月にハワイに来航、同郷人に勧められ1892年1月スミス街に旅館「泉屋」を創業した。1893年には「ホノルル旅館組合」を組織して、長年にわたり会長を勤めて発展に寄与した。1900年1月にはペスト焼き払いの大火で旅館が焼失したが、翌1901年にはパラマに家屋3棟を新築して旅館業を再開した。その後、事業の発展に伴い、建物が手狭になったので、1903年12月に北ベレタニア街アアラ公園前に移転して、ますます繁盛した。しかし彼は弟の金次郎に後を任せて錦糸帰郷した。金次郎は16年間小林旅館を経営し、1924年1月に52歳で病没した。

米屋旅館 山口県玖珂郡麻里布村出身の米屋三代槌は1888年6月に官約移民第5回船でハワイに来航し、マウイ島パイア耕地で3年の契約労働を終えた後、ホノルルに出て1893年にソバ屋を開業。1897年に「中国屋旅館」を譲り受けて、米屋旅館を創業した。1900年1月のペスト焼き払い大火に遭ったため、一時イビレー街に移り、仮営業していたが、1902年にリバー街に戻った。

山城旅館 山城旅館の創業者、山城松太郎は広島県安芸郡仁保村の出身で、1890年に官約移民第14回船で来布した。マウイ島ハイク耕地とプウネネ耕地で就労した後、ホノルルに出てヌアヌ街にあった宿屋「吉野屋」を譲り受けて、1897年「宇品屋」という名で旅館業を始め、まもなく「藝州屋」と改名したが、ペスト焼き払い大火に遭い、一時クイーン街で仮営業したが、1900年12月に北ベレタニア街カレッジウオーク角に移って山城旅館を新築した。

2．大陸転航時代と旅館の隆盛

　ハワイからアメリカ本土への日本人移民の転航は、すでに官約移民の初期、3年間の耕地労働の契約が満了となった1888年頃から始まっていた。しかしその傾向が顕著となったのは、1900年にハワイがアメリカ合衆国に併合され、従来の契約労働制が廃止され、移民労働者が自由の身になったことで、爆発的にアメリカ本土への転航がさかんになった。これはまったくハワイの賃金が、アメリカ西部沿岸地域と格段に差があり、また同地域の人手不足のためであって、アメリカ本土からの斡旋業者に地元ハワイの斡旋業者が加わり、好餌をもって執拗にアメリカ本土への転航を勧誘したからである。さらに日本からも、直接に大陸渡航が困難なため、ハワイを単なる踏み台にして来る者が増え、さらにハワイからの転航が増加したのである。

　この大陸転航は、1901年から1906年までが最盛期で、この間に5万7000人の日本人がハワイからアメリカ大陸に転航したと伝えられている。そのために、ハワイの砂糖キビ耕地や日本人社会は非常な混乱に陥った。転航者のなかには、当時さかんであった頼母子講を取った者が後の掛金を踏み倒したり、商店への債務を払わずに大陸へ逃げ去った者も多く、日本人の事業は一時その安定を失った。

　しかしそのなかにあって、1人全盛を極めたのが、ホノルルの日本人旅館であった。草創期からの川崎、米屋、小林、山城をはじめとしてその数二十数軒にもおよび、まさに黄金時代であった。

　外務省史料に残る、当時の新聞広告（図7-1など）から旅館名・館主・場所を挙げてみると、[14]

　明治屋旅館　若本由蔵（広島市）・相川寅吉（山口県大島郡）　ベレタニア
　　街橋詰山手三階
　㊂旅館　笹井鹿之助（和歌山県）　リヴァー街ベレタニア橋近く
　丸一旅館（山口屋事）　星出保治郎（山口県）　ベレタニア街
　錦屋旅館（開業）　村上末槌・藤井庄太郎　キング街パラマ旧英国領事館

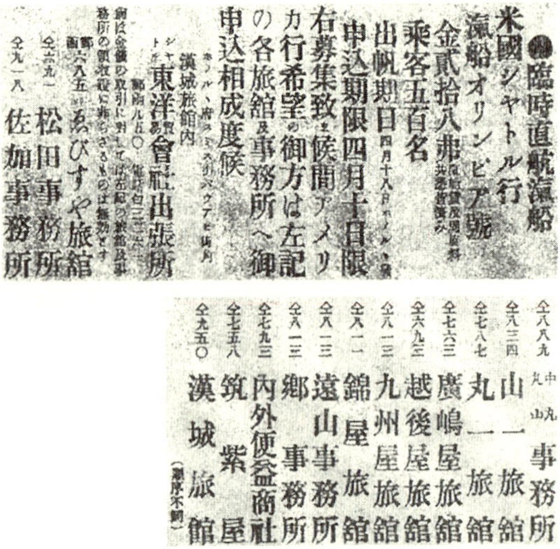

臨時直航滊船
米國シヤトル行
滊船オリンピア號
金貮拾八弗（税其他手数料共）
乘客五百名
出帆期日 四月十八日アメリカ行希望ノ御方ハ左記
申込期限 四月十日限 　　　　　　　　
右募集致候間アメリカ行希望ノ御方ハ左記
ノ各旅舘及事務所へ御
申込相成度候

ホノル、ヌアヌ、ハオテル下
東洋會社出張所
(以下各旅館事務所)
松田事務所
佐加事務所
ゑびすや旅館

全九一八
全九九六
全九六五

中山丸
山丸 事務所
廣嶋二屋旅館
越後屋旅館
錦屋旅館
遠山事務所
郷事務所
内外便益商社
筑紫屋（潮湯不明）
漢城旅館

全八八九
全七八四
全七六三
全六三七
全六三
全五五
全五三
全九五〇

図7-1　大陸行乗客募集広告
（出所）外務省外交史料館史料（3.8.2.198）「布哇在留本邦出稼人取締ノ為中央日本人会設立一件」。

跡
肥後屋　高木源太郎　リリハ街
熊本屋　飯川百蔵　アアラレーン
福岡屋　間宮七蔵（福岡県）　リリハ街
えびすや旅館（開業）　濱村京一　ベレタニヤ街スミス街角煉瓦建
神州屋旅館　今中幾太郎（広島県海田市）　キング街停車場前
柳井屋旅館　ベレタニア街アアラ公園側
山一旅館　布施寅三　ベレタニア街マヌケア街突当り
広島屋旅館　木村與三郎・水田岩吉　ホノルル新魚市場前
越後屋旅館（不知火館事）　魚住宇太郎（熊本県）・山本政次郎（新潟県）
　キング街パラマ九州屋跡
新潟屋西村旅館　インター桟橋付近
小松屋旅館　佐藤好助　キング街パラマ
井の下旅館　井の下熊太郎　アアラレーン鉄道停車場前
九州屋旅館
筑紫屋

漢城旅館　芳我日下（愛媛県南宇和郡内海村）　スミス街パウアヒ街角

　以上の 22 の旅館のほかに先の四大旅館も存在したことはいうまでもない。このうち、芳我日下氏の漢城旅館は、ダウンタウンで経営し、転航移民の宿泊と輸送に関わり、シアトルの東洋貿易会社出張員安田治忠と連名の広告を出したり日本に募集人を派遣したりして、大々的に事業を展開して、莫大な利益をあげた。この時期、旅館以外にもアメリカ本土行き乗客の取り扱い事務所の広告や、全盛期には、「オリンピア号で乗客五百名扱う」という広告もみられる[15]（図 7 - 1）。

　しかし、一時に多数の日本人が押し寄せたことは、太平洋沿岸各地の労働団体からの非難の的となり、1906 年のサンフランシスコの学童隔離問題に発展し、1908 年の日米紳士協約によってアメリカ合衆国への移住が制限されることになる。その結果、宿泊客が減少して廃業に至った旅館も多くみられた。ホノルル帝国総領事報告によると、1908 年ではホノルルの日本人旅館の戸数 23 であったのが、1909 年には 14 戸に激減している[16]。

　ここで 1900 年代に開業（または再開業）した旅館のうち、その後長く続いた二つの旅館とその経営者について簡単に紹介しておく[17]。

小松屋旅館　1886 年に官約移民の第 3 回船で来布した山口県大島郡小松町出身の佐藤好助氏はハワイ島クカイアウ耕地で労働し、3 年後ホノルルに出てパラマに小松屋旅館を開業した。しかし 1896 年に帰国、1902 年に再渡航して小松屋旅館を経営し、1917 年より旅館のほかに雑貨食料品店を兼営した。1922 年に家業を長男の佐藤一郎に譲って帰国した。

尾道屋旅館　広島県御調郡吉和村出身の小出寅吉氏が 1905 年頃に尾道屋旅館を開業したが、1916 年に寅吉氏が帰国し、小出祐一氏がその事業を継承し、1920 年には設備を外国のホテル形式に改良して、日本人間有数の旅館になった。

3．港から旅館までと旅館の風景

　芳賀武は著書『ハワイ移民の証言』で、ホノルル港到着から始まってその

後の6年間のハワイ時代のことを驚くほど克明に描いている。ハワイの土を踏んだのは1917（大正6）年5月末、彼が17歳の時である。船がアラケア桟橋に着き、小さなランチに乗せられて海岸にある移民局に連れて行かれ、そこで2日間の検査の後、ようやく3日目に上陸許可が下りて外に出た。そこからの有様を次に引用する。

　　いよいよドアがあいた。皆は遅しとばかりに急いで外に出た。外にはたくさんの馬車が待っていた。自動車も一、二台あった。それぞれ行く先のわかっている者は、馬車に乗って出かける。ある者は自動車に乗って出かけた。私は教えられた通りに小林ホテル行きの馬車に乗った。馬車は二人乗りだが、再渡航の中年婦人が小さい男の子を連れて一緒に乗った。馬車の御者は皆日本人だ。一頭立ての馬車で、カッカッと音を立てて馬は走り出した。ようやく自由になったのだ。同乗の再渡航婦人は、いろいろな見覚えの所を自分の子どもに教えている。馬車は気持ちよく走る。御者は時々ムチをならして馬を急がせる。馬はひづめの音を立てながら気持ちよくホテルに向かって進んで行く。ホノルルの町は横浜に比べると小さい。馬車で約十分ばかりして、小林ホテルに着いた。川のへりにアアラ・パークという四角の芝生ばかりの公園がある。小林ホテルはその公園に面した静かな所にある。案内されて二階の表の広間に入った。中には横浜でよくみうけた二、三人の青年がもう来ていた。
　　部屋は柱や壁が粗雑なペンキ塗りで、床にはゴザが敷いてあった。他には何の装飾もない。全く殺風景なものだ。町を見下ろすと、この辺は大体日本人町と見られるべき所で、日本人の旅館がいっぱい目につく。旅館はみな木造りで、ちょうどアメリカの西部劇の映画で見る田舎町の家のように、二階屋根の表は白ペンキ塗りの大きな看板板造りで、それに黒い肉太の日本字で小林ホテル、山城旅館、米屋旅館、川崎旅館、尾道屋旅館、九州旅館、神州屋旅館、西海屋旅館、熊本屋旅館、稲毛旅館などと書いてある。これらは勿論、みな日本人相手の旅館で、ちょうど日本を出発する前に逗留していた横浜の旅館と同じような商売をしているのである。
　　だが、横浜の旅館と全然違うのは、床の間などのないことである。また

額一つ壁にかかっていない。しかし、これがハワイのスタイルだろう。印象はすこぶる粗野なものである。だが、またそのうちに何となく一つの解放感もあるように思われる。こういう所へくれば、もうあの日本式の固苦しい挨拶も身振りも必要としない。それに窓は開け放しで、そよそよと吹いてくる風は誠に熱帯地らしい。前のアアラ・パークのまわりには、ネムの木やオーストラリア松が植えてある。道行く人々もまばらで、何もかものんびりしている。[18]

　文中の稲毛旅館については稲家旅館が正しく、1912年や16年の『布哇日本人年鑑』の「在布日本人々名録」に「稲家徳次郎・稲家旅館主・ベレタニア街一三四（電四〇九二）・新潟」などとみられ、1916年には広告も掲載されているが、1920年のそれには登場しない。ところが、1920年やそれ以後の『日布時事布哇年鑑』の「布哇日本人人名住所録」では同じ住所・電話番号で「東海林甚七・東北旅館主・福島」とでている。つまり、福島出身の東海林が稲家旅館を引き継いで東北旅館を経営したものと考えられる。彼は福島県から1907年、19歳の時に自由移民としてハワイに渡航し、義理の兄の働くオアフ島エワの砂糖キビ耕地で6年間働いた。さらにワヒアワのパイナップル会社で7年間勤めた後、子供の教育のためホノルルに出て、同じ会社のパイナップル工場に6ヶ月勤めて辞めた。その後について次のように回想している。

　大正9〔1920〕年、私はホノルル市の東北旅館〔の権利〕を譲り受けた。当時〔日本国籍の男子〕は三十四歳までは徴兵命令があれば日本の兵隊にならなければならなかった。そこで東北旅館をはじめ他の旅館はどこでも、徴兵猶予を希望する人たちに徴兵猶予願の手続きをとる事務所をやっていた。手続きをすると徴兵延期となった。日露戦争に出た人で、大演習のために日本へ帰れといわれた人もあった。
　この東北旅館の主人は新潟出身の人だったが、〔中国〕大陸で野菜栽培をするので「ここを買ってお前やらないか」といわれた。
　二、三人の友だちにこの話をすると、皆が〔援助の資金を〕貸してやると

いう。そして「君を信用して貸したのだから、君が失敗したら無一文になるのだから、しっかりしてくれ」と言った。〔中略〕

　大正９年にホノルル市にあった旅館はおよそ次の十四軒で、いずれもホノルル旅館組合の会員だった。〔旅館名省略。次節の⑫⑯を除く14軒〕

　これらの旅館には日系人ばかり泊まり、白人はほとんど泊まらなかった。白人用のホテルの様子はよく知らない。

　東北旅館には部屋が十室あり、内四つは外来者〔客〕用に当てた。ホノルルで働いている人たちや、耕地から来た人たちが泊りに来た。一泊三食で五十セント。〔料金は〕各旅館で違う。他の六室には十人くらい下宿人を置いていた。一ヵ月下宿人を置いて二十五ドルだった。

　食事は、ご飯に味噌汁、刺身、納豆、煮しめ、豆腐などである。今のように食事についてうるさくなかった。街の食堂には十セント飯があったころである。

　日本旅館とはいっても畳の部屋はなく、〔板ばりの〕床にベッドを置いていた。畳のあったのは料理屋だけである。

　夜は十二時まで開いており、番頭は十二時まで起きていなくてはならない。そして朝は六時から開く。〔中略〕

　子供が九人になったころ、東北旅館には私たち〔夫婦〕二人に子供九人、女中一人、その他下宿人などで、常時二十二、三人が暮らしていた。

　〔日本〕旅館の仕事は〔人を泊めるだけでなく〕日本から来る人や日本へ帰る人などの手続きをするのが大きな仕事であった。今でもそういう仕事が多い。

　砂糖キビ耕地の労働者の中には、子どもの出生届けをしていないものがあり、日本へ帰るのにアメリカ国籍をとる手続きが必要となる。その手続きを旅館の主人がやった。

　旅館には耕地の労働者が主にとまったが、日本との行き来の事務などいろいろな手続きをするのが主な仕事となっていた。[19]

　旅館の部屋は客室用と下宿人用の部屋があり、いずれも日本人の労働者が利用していた。また先のジャック・タサカの文章にもあったように、徴兵猶

第7章　日本人旅館の変遷

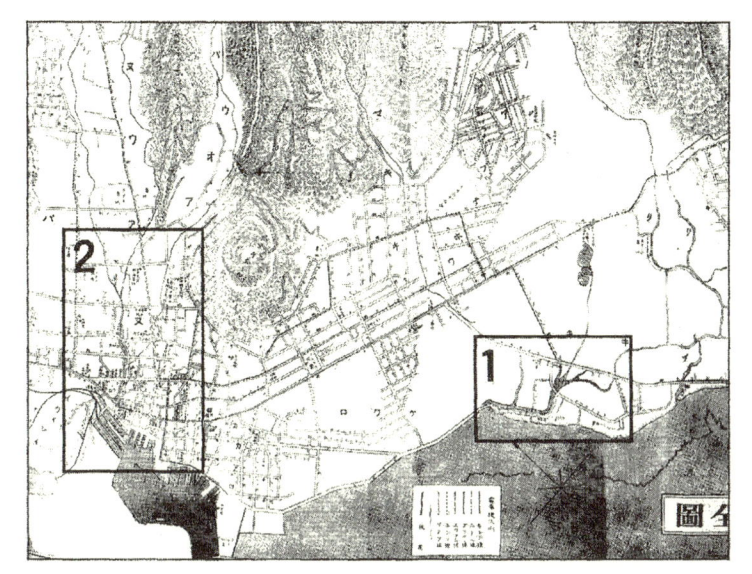

ホノルル地図

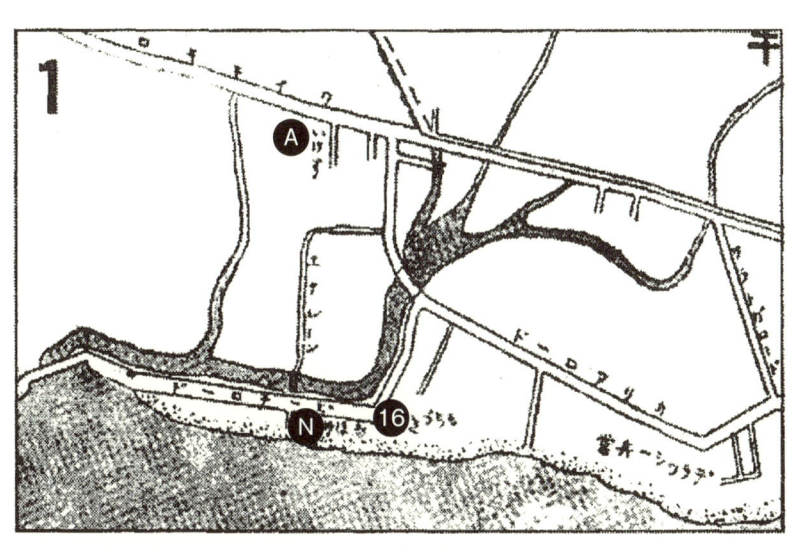

ワイキキ拡大地図

図7-2　旅館・料理屋の所在地
(注) 地図中の記号は本文中の記号と一致。
(出所) 村崎並太郎編『最新布哇案内』(布哇案内社、1920年)。

141

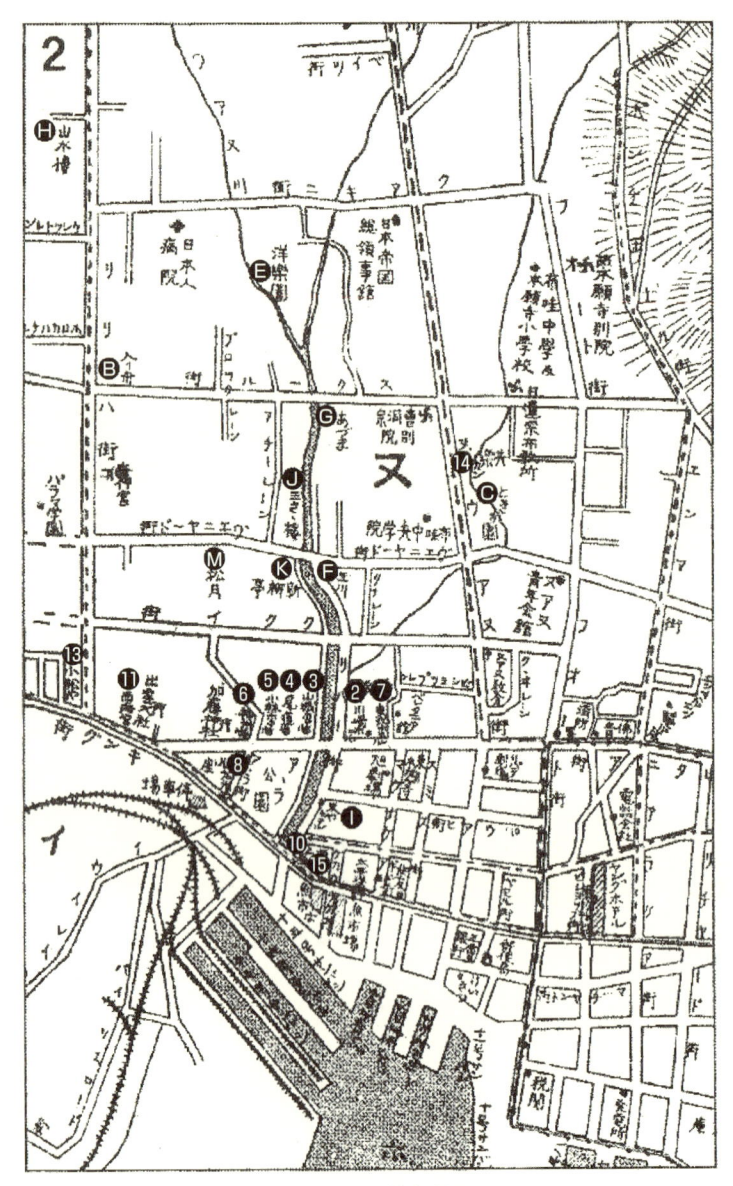

ダウンタウン拡大地図

図7-3 旅館・料理屋の所在地（続き）

(注) 地図中の記号は本文中の記号と一致。
(出所) 村崎並太郎編『最新布哇案内』(布哇案内社、1920年)。

第 7 章　日本人旅館の変遷

予願や出生届の手続きなど労働者が日本との往来の際に必要となる事務処理が旅館の主な仕事であった。

4．1920 年頃の旅館

本節では、村崎並太郎編『最新布哇案内』（布哇案内社、1920 年）に記載されているホノルルの旅館のリストと場所、経営者とその出身地（図 7‒2、7‒3 参照）を示しておく。

日本人旅館（①〜⑯の番号と図 7‒3 中の番号が一致。一部欠）
①米屋旅館　リバー街
②川崎旅館　リバー街　川崎喜代蔵
③山城旅館　ベレタニア街
④尾道屋旅館　ベレタニア街　小出祐一（広島県御調郡吉和村）
⑤小林旅館　ベレタニア街　小林金次郎
⑥神州屋旅館　ベレタニア街
⑦東北旅館　ベレタニア街　東海林甚七（福島県伊達郡掛田町）
⑧九州屋旅館　アアラ街　永田清（熊本県鹿本郡來民町）
⑨肥後屋旅館　アアラ街　高木末熊（熊本県菊池郡原水村）
⑩上里旅館　キング街　上里由明（沖縄県）
⑪西海屋旅館　キング街パラマ　土山培雄（熊本県）
⑫上里別館　ヌアヌ街
⑬小松屋旅館　キング街パラマ　佐藤好助（山口県大島郡小松町）
⑭共楽館　ヌアヌ街
⑮西村屋旅館　マウナケア街
⑯望月倶楽部　ワイキキ　望月瀧三郎（東京市麹町区）
宿泊料
大ベッド 1 泊 1 人 1 弗。小ベッド 1 泊 1 人 75 仙。
マトレス 1 泊 1 人 40 仙。食事 1 食 25 仙。

さらに、「料理屋も大抵、禁酒実施と共に旅館業を経営している」とある。その一覧表は以下の通り（A～Nの記号と図7-2、図7-3中の記号が一致。一部欠）。

A. いけす　ワイキキ　　　　B. いり船　リリハ
C. 常盤園　ヌアヌ　　　　　D. 大正倶楽部　パラマ
E. 洋楽園　クワキニ　　　　F. 玉川　ベニヤード
G. あづま亭　スクール　　　H. 山水楼　リリハ
I. 菊月　ベニヤード　　　　J. 三篠楼　ベニヤード
K. 新柳亭　ベニヤード　　　M. 松月　ベニヤード
N. しほ湯

これらのうち⑯望月倶楽部は、ワイキキにあった料亭で海水浴場を設けていた。これについて、1907年当時、日本語の『やまと新聞』の社長であった相賀安太郎は次のように回想している。「その頃はワイキキ海浜の望月が、倶楽部となって、お歴々以外に若いインテリ階級の遊び場だった。倶楽部とはいふが、実は東京の人望月瀧三郎老人夫妻の事業で、可成り擴々した海浜で、泳ぎも出来る、ボートもある、瀧さんの江戸前の気性と料理と、それに美しい"養女"が二三人いたので、みんなを惹き付け大宴会も出来る。家庭連れでも来るという風で、往復の日本人船客も、一寸した人は、皆此所に泊るので、日本にまで望月の名は知られていた」。このように当時の普通の旅館とは違い、ワイキキのリゾートホテルといったところであろうか。[20]

ホノルルの料理屋は、1891年の「壇山亭」が始まりといわれている。1896年には日本人料理組合が結成され、ホノルルの料理屋はほとんどが、ダウンタウンに集中していたが、1900年のペスト焼き払い大火で日本人料理店も9軒が焼失した。この大火が契機となって、料理屋はパラマやイヴィレイの辺りに散在するようになった。とくに名だたる料理屋はベニヤード（紅庭）街とリバー街に集まるようになった。ホノルルの料理店は1910年代が全盛期といわれ、30軒近くあったが、1920年に大統領によってハワイに禁酒令が施行されてから、料理屋は次第にさびれていった。そして料理屋が、旅館

業も経営するようになったのである。

　分布をみると、普通の旅館はホノルル港とオアフ鉄道停車場に近いアアラ公園周辺に集中しているのに対し、料理屋兼旅館業は、その縁辺のヴェニヤード街やスクール街およびワイキキに広がっているのがわかる。

5．母国観光団の主催

① 第2次大戦前

　日本人旅館の主要な業務として旅行手続きの斡旋があるが、これと関連して日本への観光の主催や後援があった。1910年頃になると、ハワイの日本人も特定の職業に定着し、経済的に余裕のある者が次第に多くなり、自分の郷里や日本の観光に出かける人々が出始めた。こうして母国観光団が次第に多くなり、日本人旅館がこれを後援し、やがて主催する観光団が増えていった。

　海外からの日本への観光団の最初はハワイからの日本人によるもので、それは明治45（1912）年5月14日、春洋丸でホノルルを出帆した。団長は田坂養吉、副団長は小出寅吉、団員は51名であった。副団長を務めた小出寅吉は、第2節で紹介した尾道屋旅館の創業者で、この母国観光団の旅行手続き一切を取り扱った。6月3日に横浜に入港した後、東京から始まって、関東、中部、近畿、中国、九州地方を約1ヶ月にわたって見学した後、熊本で解散。その後は団員の生まれ故郷を訪問し、7月16日にハワイに戻るというもので、2ヶ月の旅行費は170ドルであった。この観光団は日本の各地で官民あげて大歓迎をうけたが、そのことを当時の日本語新聞である『日布時事』が逐一報道して、ハワイの在留日本人に大きな刺激を与え、日本観光熱を煽った。[21]

　1914年には、当時『布哇日々新聞』の主筆であった小野寺徳治が団長となり、日本語新聞社の賛助のもと観光団は10月9日発の天洋丸で訪日した。[22]

　1915年、多年ハワイの移民局に勤務し獣医であったドクトル勝沼富造を団長とする観光団51名が9月10日にホノルル発の春洋丸で日本に向かったが、これは京都で挙行される大正天皇の即位の大典を拝観することを目的とし、その前後に日本各地の旅行をなすもので、宿屋組合の主催であった。宿屋組合を代表して川崎旅館の川崎喜代蔵が一行に参加するはずであったが、

図7-4 「皇軍傷病慰問団」の広告
(出所)『布哇報知』1938年3月22日。

都合により参加できず代わりに米屋旅館の隣でトロンコ(トランク)店を経営した中津柳太郎が宿屋組合の代表として参加した。[23]

1919年3月には、布哇報知の記者、小那覇三郎の主催する沖縄観光団が天洋丸でホノルルを30日に出帆。横浜より東京、日光、名古屋、伊勢、山田(宇治山田・三重県)、奈良、京都、大阪、神戸から中国地方を経て、九州、沖縄に及ぶもので、団員61名のうち沖縄出身者は17名であった。[24]

1930年にも、同じ沖縄出身で「布哇屋旅館主山城德助の日本観光団は6月6日ホノルル出発、日光を振出しに各都市を見物しつつ、九州を縦断し鹿児島から沖縄県那覇まで行って解散する」(『日布時事』1930年6月7日)という記事がみられる。[25]

このように日本への観光団は年を追ってさかんとなり、これが事業として軌道に乗ると、最初は観光団を後援し協力してきた日本人旅館は、本格的に営利事業として観光団を主催することとなった。また、日本人旅館や旅行案内社と提携し、その後援のもとに母国観光団を引率して訪日する職業的な観光団長が現れるようになった。日本を訪れるのは春の桜の咲く季節と秋の紅葉の季節が多かった。

また各種の日本人団体や倶楽部、各宗教団体や商業組合、日本語学校の生

徒およびハイスクールや大学の学生などで組織する観光団が日本を訪れた。例えば、堺七蔵を団長とするハワイ在留の日本赤十字社員30名からなる日本観光団が1920年4月23日に天洋丸で出発している[26]。

さらに1930年代になって日本が満州や中国大陸に侵攻して勢力を拡大すると、ハワイからの訪日観光団も日本内地から満州や中国大陸の各地に足を伸ばす大々的なものが出現した。

当時の世相を反映したものとして、1938年3月22日に秩父丸で出帆し日本を訪問した観光団は、「皇軍傷病兵慰問団」と称し、総務が米屋旅館の米屋三代槌、団長は東北旅館の東海林甚七であった[27]（図7-4）。その時の『布哇報知』の記事を以下に紹介しておこう。

　　我が皇軍の傷病将兵に対する布哇からの最初の慰問団は日本人旅館組合主催の下に愈々本日母国に向け出発するが、昨夕旅館組合の発表によれば参加団員数は九十七名にして布哇全島より募集せし皇軍慰問袋の実数は木箱約二百函入九千六百八十六袋に及んでいる。尚其の以後の分もあるので残部は取纏めて次の四月六日の太洋丸便にて送付する由慰問団の幹部は総務米屋三代槌翁、団長東海林甚七氏、主務藤本憲吉氏にて横浜到着後通信員として特に本社の牧野勲氏と日布の山下草園氏を嘱託し、日本内地旅行の案内役は横浜外航旅館組合が担当し万遺漏なきを期しているとのことである[28]。

第2次大戦直前の1940年には、『日布時事布哇年鑑』の記事によると「今春今夏布哇より日本を訪ふ見学団は17団体の多数に上る」、また同年3月20日「5組の観光団を初め多数の日本訪問者で横浜行の浅間丸賑ふ」とある[29]。

② 第2次大戦後

　第2次大戦中は、いうまでもなく母国への観光団は中絶していたが、戦後の1949年4月29日、横浜着のゴードン号で重永茂夫団長と高吹勇団長の最初の2団がホノルルより日本に到着した[30]。これは占領軍司令部からバイヤー以外の者が、60日間訪問を許された直後のことで、初の個人訪問者は4月

15日に横浜に着いた。一行は規定の食料持参で来て、施設も食料事情も悪い不便な観光を続けたが、それでも敗戦から立ち上がる人々と親切な歓迎に深い感銘を受けた。重永観光団の一行は21名であった[31]。

そして1952年のサンフランシスコ講和条約の発効によって日本が独立を回復し、同年より日本への観光も本格化した。同年1月に小林ホテルによる「布哇二世母国親善視察団」の募集広告がみられる。ホノルル発が同年3月22日、約2ヶ月の日程で、引率者の1人として同ホテルの西力の名前が挙がっている[32]。

その後、例えば1956年の春にはハワイから約40の日系団体が日本を訪れた。とくに3月22日ホノルル発、同31日横浜着のクリーヴランド号には14の観光団が乗船し、その内には米屋・小出(尾道屋)・山城・中村・布哇屋などのホテル主催の団体がみられた。また、パンアメリカンと日航機で乗りつけるものも20団体ほどあった[33]。同年秋にも約10の観光団が日本を訪れた。そのうちホテル主催のものは、春とほぼ同じであるが、中村ホテルは川崎ホテルとホノルル旅行案内所(中村ホテルの中村勇一が社長)との合同主催という形をとっている。いずれも8月30日のウイルソン号と9月6日の飛行機で出発とある[34]。

1958年の春にも日本を訪れる日系の団体が船と飛行機便で四十数団に及び、個々の訪日者を加えると訪日者は約2000名となった。船便による観光団は、ホノルル2月25日出帆のウイルソン号が4団体、同3月19日出帆のクリーヴランド号が14団体、4月12日出帆のウイルソン号が6団体で、このうち小林ホテル扱いが6団、山城ホテル扱いが5団、小松屋ホテル扱いが5団、布哇屋ホテル扱いが2団、米屋・中村・川崎・東北・尾道屋ホテル扱いが各1団、その他旅行案内社扱いが1団であり、ほとんどのホテルがそれぞれの観光団も主催している[35]。またこの頃、毎回観光団を引率する名物の観光団長もおり、このうちの数名が『米布時報』に紹介されている[36]。

1961年春の場合は、ハワイから50余、合衆国、カナダ、ブラジルからの団体も合わせて約80の日系観光団のざっと2000名が訪日した。この年は、法然上人750年、親鸞聖人700年忌大法要で京都に参拝するものが多かった。ハワイからの日系観光団のうち、小松屋ホテル扱い14、小林・中村ホテル扱

いが各8、尾道屋・布哇屋・川崎・東北・米屋ホテルが各1、その他旅行社扱いが16で、山城ホテル主催団は引率者が病後の為に春は中止とみえる。[37]

このように年々、日本への観光団がさかんになっていったことがうかがえる。

6．戦前ホノルル日本人旅館組合の時代

第1次大戦後、ホノルル宿屋組合はホノルル日本人旅館組合と改称された。1919年発行の『布哇日本人年鑑』の各種団体のなかではこの名称で登場する。[38]

第4節で紹介した1920年頃の旅館は、この当時のものである。このうち上里旅館については沖縄出身の「日布時事社員、上里由明氏」が「今回同社を辞し、キング街宮本自転車店少し先の元朝鮮人旅館たりし所を譲り受け、来る二十日より旅館を開業す可しと云ふ、同氏は曩に川崎旅館に店員として数年勤務をし経験あれば旅館業には玄人として見るべく開業の上は繁盛することならん」との記事が1917年11月の『布哇報知』にみられる。[39] 沖縄出身者による旅館に関しては、1919年に山城徳助が日本人旅館の布哇屋旅館を創業、[40] さらに1925年10月24日に「宮里貞寛氏はヌアヌ街総領事館下にホノルル旅館を開業したる旨の通知状を各方面に発送せり」とあり、旅館開業の広告もみられる。[41] 布哇屋旅館については、1934年に山城徳助と嘉数亀二との間で争奪をめぐって裁判があり、結局は嘉数亀二が所有、経営することになった。[42] 1936年にはホノルル旅館でも同様の争いがあり、安里永秀と島袋清・上原正吉両人間での裁判の結果、ホノルル旅館は安里永秀が館主、島袋清は球陽旅館の館主となっている。[43] そして1940年4月には、ホノルル旅館は後にハワイで有名な学者となった湧川清栄がなぜかこれを譲り受け経営することになり、1955年までには譲渡または廃業になった。[44]

ここで、1932年と1941年の両年度について、ホノルル日本人旅館の所在地と館主の名前（その出身県）を『日布時事布哇年鑑』の記載にもとづいて挙げておこう（表7-1）。

1941年では創業の古い川崎旅館、小林旅館、尾道屋旅館、山城旅館が2代目の館主に代わっている。ここでは、当時から戦後にかけて有名であった二

表7-1 ホノルル日本人旅館の所在地と館主名（その出身県）

1932年			1941年
エンマホテル	エンマ街	石本庄吉（山口）	同左
布哇屋旅館	リバー街	山城徳助（沖縄）	→北キング街　嘉数亀二（沖縄）
ホノルル旅館	ベニヤード街	安里永秀（沖縄）	→アアラ街　湧川清榮（沖縄）
川崎旅館	ククイ街	川崎喜代蔵（山口）	→川崎正一（山口・ハワイ生）
九州屋ホテル	北キング街	比嘉カメ（沖縄）	→横山政眞（沖縄）
小林旅館	ベレタニア街	小林セキ（広島）	→小林金衛（広島・ハワイ生）
小松屋ホテル	北キング街	佐藤一郎（山口）	同左
米屋旅館	リバー街	米屋三代槌（山口）	同左
共楽館	ヌアヌ街	濱田勘吾（広島）	同左
			球陽旅館　アアラ街　島袋清（沖縄）
ミカドホテル	北キング街	宮川眞太郎（熊本）	
中村旅館	カレッジ・ウォーク	中村勇一（広島）	→ベレタニア街
			ヌアヌホテル　ヌアヌ街　田辺三二（広島）
ヌアヌ温泉ホテル		神田梅吉（山口）	
尾道屋旅館	ベレタニア街	小出祐一（広島）	→リバー街
			ペンサコラ・ホテル　ペンサコラ街　原田常太郎（佐賀）
西海屋旅館	ベレタニア街	長谷川速水（熊本・ハワイ生）	同左
神州屋馬場旅館	アアラ街	馬場徳慈（新潟）	同左
			大正ホテル　南スクール街
東北旅館	ベレタニア街	東海林甚七（福島）	同左
山城旅館	ベレタニア街	山城松太郎（広島）	→山城正義（広島・ハワイ生）

(注) ABC順。
(出所) 日布時事社編輯局『日布時事布哇年鑑』（日布時事社、1932-33年および1941年）より筆者作成。

つの旅館について紹介しておこう。

共楽館　最初、山口県熊毛郡佐賀村出身の石本庄吉が1919年頃に創業したもので、彼は1903年ハワイに渡航、ハワイ島ククイハイレ耕地で就労後、ホノルルに出て旅館を経営したが、1925年にこれを濱田勘吾に譲渡し、1928年からはエンマ街に転じ、エンマホテルを経営した[45]。濱田勘吾は広島県佐伯郡五日市町出身で1907年にハワイに来航、ハワイ島ヒロのボーディング・スクールを卒業し、ホノルルの住田商会やカウアイ島での商店支配人として過ごした後、共楽館を引き受けた[46]。共楽館はヌアヌ街のフォスター植物園の向かい側の閑静な場所にあった。下町の旅館とは違った雰囲気で、日本の著名人が宿泊した。女優の水谷八重子と義兄の水谷竹紫、一灯園の西田天香、講道館の嘉納治五郎などが逗留したといわれている[47]。現在は一部がH1フリ

ーウェーに取られ、海側はツインタワーのコンドミニアムの敷地となり、庭に日本家屋らしき建物が建っている。

中村旅館 創業者の中村勇一は、広島県佐伯郡地御前村出身で、1913年にカウアイ島在住の父の呼寄せでハワイに来航し、布哇中学に通学の傍ら、同郷出身者の経営する小林旅館に勤務し、1928年に独立して北ベレタニア街アアラ公園前に中村旅館を創業したとあるが、『日布時事布哇年鑑』によると1932～33年に中村旅館主とみえる。また、最初の所在地がカレッジ・ウォークといって、入口が山城旅館の裏手に面し不便であったが、尾道屋旅館がリバー街の川崎屋旅館の跡に移転したので、その跡を譲り受けた。『日布時事布哇年鑑』の住所録では1934～35年にベレタニア街に転じている。戦前から戦後にかけ繁栄したが、ホノルル市の地区改善計画のために立ち退きを余儀なくされ、1965年に南キング街ペンサコラ街近くに移転し、1980年には4階建てのビルを新築して中村ホテルと中村旅行社を営業したが、中村氏の死後に建物を売却し、2002年当時では旅行社のみの経営となった。

7．戦後の小林ホテル

中村旅館の例でみられるように、戦後に日本人旅館は名前をホテルと変え、建物を木造から鉄筋コンクリートのビルに建て替えて、旅行社の営業とともに一時発展したが、ワイキキへの大規模なホテルの進出などの影響により、次第に旅館業は衰えて廃業を余儀なくされ、旅行社のみの経営もしくはどちらも廃業してしまったのである。その代表的な例として、小林旅館（戦後にホテルと改称）について述べてみよう。

小林旅館については第1節で紹介したように、小林卯之助が創業し弟の小林金次郎が二代目となったが1924年に病没した。その後しばらくセキ夫人が後を継いだが、3男4女の子育てと教育のためにハワイと日本を往復するなど多忙のため、連れ子の西力が支配人となった。早稲田大学を卒業してハワイに戻った長男の小林金衛が1938年に館主となり、西支配人の後見のもと弟の七郎、達吉も協力し、1931～38年のアメリカの大不況や日米開戦を乗り越え、戦後に日本人業者の最大手として発展していった。

1955年には小林トラベル・サービスが組織された。さらに1903年に建てられた木造3階の建物は建て替えられ、1957年に3階建てのコンクリートの建物ができた。1年前の1956年に新聞に発表された新館計画は以下のようである。

「三階建石造ハウス」
　　新館の設計は新進の小野寺謙治氏に依り作製され最新式モーダンな建物で総請負はハリー小林氏、工費約40億弗で現ホテル建物より10呎(フィート)引きこみ131呎に奥行き40呎の建物、表はホテル事務所を中心に5軒の店舗、中央にヅライブウエー、内部はガーデンを築造し、2階、3階に現代式設備を施した客室30ルームあり一部は和洋折衷のルーム、ルーフガーデンには約200人位収容する社交室設置計画、階下は顧客の荷物保管倉庫に使用。

　これにより、小林ホテルは新築の30部屋と1923年に背後に建てられた2階建ての別館の22部屋からなっていたが、1967年には3階建てのコンクリートの別館が並んで加わった。
　いっぽうで小林金衛社長は、1964年からハワイに来るようになった大型ジェット旅客機に対応するため、ポリネシアン・ホスピタリティ・バス会社の経営とワイキキグランドとクイン・カピオラニ、他島のホテルなどの中流ホテルの経営に乗り出して成功した。しかし中流ホテルを次第に整理し、大型バス経営を中心にその力を結集する方針となり、小林ホテルも26室のホテル経営のみで、残りのスペースは商店と事務所となっていったが、1982年になりついに90年間にわたった北ベレタニア街250の小林ホテルの建物と土地は、バス会社の発展のためイヴィレイにある別の土地と交換して手放された。
　1999年に小林金衛社長は亡くなったが、現在はその子供が社長を継いでいる。筆者が小林金衛元社長の末弟にあたる小林達吉氏に2002年にインタビューをした時に渡された名刺によると会社の事業内容は次のようである。

「小林トラベル・サービス」(海外旅行部)：おもに日本への旅行の斡旋を行い、ホノルルとハワイ島ヒロにオフィスがある。
　「アロハ・ワールド」(国内旅行部)：アメリカ国内の旅行を扱う。ホノルルにオフィス。
　「ザ・ツアー・ショップ」(オプション・ツアー取扱部)：主に日本からの旅行客を扱う。ホノルルにオフィス。
　「ポリネシアン・ホスピタリティ」(バス会社)：ホノルルとマウイにオフィス。

　彼は、各会社の取締常務理事で副社長という肩書であった。ホノルルの旅行関係のオフィスは、当初は小林ホテルのある場所であったが、現在は南キング街1040でマッキンレー高校の山側のビルに居を構えており、バス会社はパシフィック街330で、小林ホテルの土地と交換した土地にある。

8．おわりに

　2000年に筆者がハワイに滞在し、ある時家族でハワイ島への1日ツアーに参加した際、ホノルル空港からアパートに戻る送迎バスの運転手が大相撲の横綱・曙の弟であったのには驚いた。後に小林達吉氏にそのことを話すと、彼は「ポリネシアン・ホスピタリティ」(バス会社)の従業員とのこと。多くの日本人がハワイ観光に訪れるが、ツアーのバスなど小林トラベルサービスの関連会社が今でも関わっているのである。しかしこのように姿を変えながらも100年以上営業を続けるという例は稀であり、ほかはすべての旅館(ホテル)はなくなり、わずかに旅行案内所の看板が残っているのは東北ホテルと米屋ホテル(写真8-2参照)ぐらいである。やはり商売を三世代にわたって続けることはいかに困難であるかがわかる。
　戦後しばらくは日本人もダウンタウンにある日本人ホテルに宿泊していたが、旅行客が増えるにつれ、ワイキキのホテルが次々と立ち、日本人もワイキキのホテルに泊まるようになり、日本人ホテルの需要が減少し、廃業へとつながったのである。戦前からあった旅行斡旋については、戦後も日本への

観光団を中心として繁栄するが、日本の大手の旅行会社の進出などにより、これもほとんどの会社が廃業してしまったのである。

しかし、ハワイの中心地ホノルルにおける日本人社会の中心的存在として、その草創期から現在まで機能してきたことは間違いない。宿泊、日本や他島への旅行手続き、諸官庁への届出、仕事の周旋など、その役割は非常に大きなものであった。

【注】
1) 鷲津尺魔「在米在布日本人歴史の源」(『在米日本人史観』羅府新報社、1930年)、69頁。
2) 曜日蒼竜『布哇紀行』(1889年)、3頁および6頁。
3) 同前、45頁。
4) 前掲注1)および『The Hawaii Hochi』(1985年7月18日)などによると、小島は東京出身で1885年に渡布、病弱で労働に堪えずホノルル市に出て旅館業を始めたが、これを川崎喜代蔵に譲り、雑貨・食料品を販売した、とある。しかし、『通商彙纂』第2号(1894年2月)によると、「在布哇国日本商人名表」のなかで、小島定吉は「神奈川県出身　食料品及雑貨商」としてその名がみえる。また、布哇日々新聞社編『布哇成功者實傳』(布哇日々新聞社、1908年)、106頁にも、「神奈川県愛甲郡小鮎村の出身で、明治19年布哇に渡来、同26年よりホノルルにおいて食料雑貨店を開き」とある。
5) 『Directory and Handbook of the Hawaiian Kingdom』。
6) 日布時事社編『官約日本移民布哇渡航五十年記念誌』(日布時事社、1935年)、116頁。
7) 藤井秀五郎『増補改訂新布哇』(文献社、1902年)、682頁。
8) 総領事斉藤幹「布哇在住本邦労働者ヲ米国ニ誘出スル者増加ノ件、及ビ之ニ対シ領事館並ニ我ガ移民会社ガ其制止策ヲ施シタルノ件」(外務省外交史料館史料：(3.8.2.168)『布哇移民米国転航禁止一件』明治36年12月2日)。
9) 森田榮『布哇日本人発展史』(真榮館、1915年)、505頁。
10) 木村芳五郎・井上胤文『最新正確布哇渡航案内』(博文館、1904年)、37-38頁。
11) 同前、54-55頁。なお、宿泊料に関して、藤井秀五郎『増補改訂新布哇』(文献社、1902年)、672頁には、「宿料米貨40仙。飯料米貨15仙、1ヶ月宿料米価10弗乃至12弗」とある。
12) ジャック・Y・タサカ「戦前に隆盛を極めたホノルルの日本人旅館」(『East - West Journal』2002年8月15日)。
13) 藤井秀五郎『増補改訂新布哇』(文献社、1902年)、付録在布哇日本人出身録、各業列家9-11頁および64頁。布哇日々新聞社編『布哇成功者實傳』(布哇日々新聞社、1908年)、15-17、30-32、47-52頁。『布哇タイムス創刊六十周年記念号』(布哇タイムス社、1955年)、第4号などによる。

14) ホノルル総領事斉藤幹「在布哇本邦労働者米国転航最近事情」(外務省外交史料館史料：(3.8.2.198)『布哇在留本邦出稼人取締ノ為中央日本人会設立一件』明治38年3月3日)。
15) 同前。
16) 『通商彙纂』第29号 (1908年5月) および『通商彙纂』第55号 (1909年10月)。
17) 曽川政男『布哇日本人銘鑑』(同刊行会、1927年)。および、ジャック・Y・タサカ「戦前に隆盛を極めたホノルルの日本人旅館」(『East‐West Journal』2002年8月15日)。
18) 芳賀武『ハワイ移民の証言』(三一書房、1981年)、16‐17頁。
19) 上田喜三郎「ハワイ日系人の生活史 (2)」(『太平洋学会誌』第41号、1989年)、24‐25頁。
20) 相賀渓芳『五十年のハワイ回顧』(同刊行会、1953年)、177頁。
21) ①同前、296頁。②川添樫風『移民百年の年輪』(同刊行会、1968年)、252頁。③広島県編『広島県移住史・資料編』(第一法規出版、1990年)、696‐698頁。④ジャック・Y・タサカ「戦前に隆盛を極めたホノルルの日本人旅館」(『East-West Journal』、2002年8月15日)。
22) 前掲注21) の④、および『布哇報知』1914年9月9日号。
23) 前掲注21) の①②④、および『布哇報知』1915年9月10日号。
24) 前掲注21) の④、および『布哇報知』1919年3月29日号。
25) 比嘉武信『新聞にみるハワイの沖縄人90年——戦前編』(比嘉武信、1990年)、243頁。
26) 『布哇報知』1920年3月5日号。
27) 前掲注21) の②。
28) 『布哇報知』1938年3月22日号。
29) 日布時事社編輯局『日布時事布哇年鑑』(日布時事社、1941年)、44‐45頁。
30) ハワイ日本人移民史刊行委員会編『ハワイ日本人移民史』(ハワイ日本人連合協会、1977年)、218頁。
31) 「訪日日系観光団復活十周年」(『米布時報』第103号、1959年8月5日)。
32) 『米布時報』第17号 (1952年1月5日)。
33) 『米布時報』第68号 (1956年4月5日)。
34) 『米布時報』第72号 (1956年8月5日)。
35) 『米布時報』第89号 (1958年1月5日)。
36) 『米布時報』第110号 (1960年4月1日)。
37) 『米布時報』第120号 (1961年3月1日)。
38) 『布哇日本人年鑑 (第十六回)』(布哇新報社、1919年)、150頁。
39) 『布哇報知』1917年11月14日号。
40) 前掲注25)、337頁。
41) 『布哇報知』1925年10月24日号。
42) 前掲注25)、337‐338頁。
43) 前掲注25)、383‐385頁。
44) 湧川清榮ほか『アメリカと日本の架け橋・湧川清榮——ハワイに生きた異色のウチナンチュ』(ニライ社、2000年)、412頁。

45) 松田元介編『防長人士発展鑑』（山都房、1936年）、728頁。
46) 曽川政男『布哇日本人名鑑』（同刊行会、1927年）、36頁。
47) 前掲注21) の④、および本田政亥・本田緑川『さよなら電車』（博文社、1973年)、280-281頁。
48) 前掲注21) の④。
49) 同前。
50) ①「一世紀を迎えるハワイ日系企業1891－1991」（『The Hawaii Hochi』1991年1月1日)。②「ハワイの日系社会を見続けてきた小林達吉氏1～7」（『East-West Journal』2005年2月15日～8月15日)。
51) 「End of Era for Kobayashi Hotel」（『Honolulu Star Bulletin』1982年4月19日)。
52) 『Hawaii Times』1956年6月1日。
53) 注50) ①、および注51)。

第7章　日本人旅館の変遷

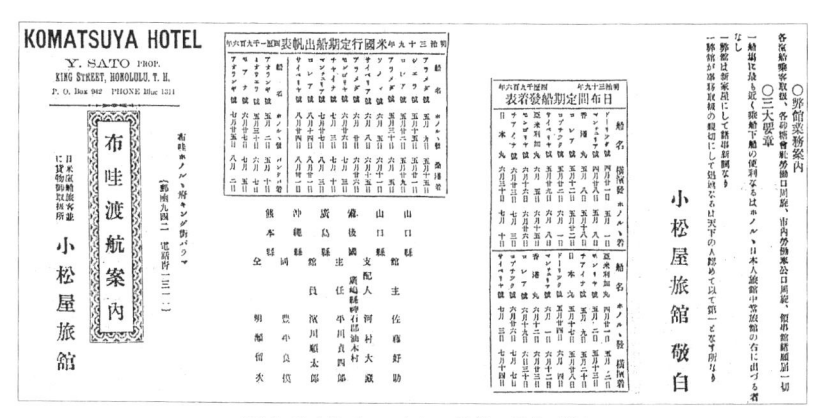

大陸転航時代（1906年）の旅館の引札（表）
(出所) 外務省外交史料館史料 (3.8.2.41)「布哇移民関係雑件」。

大陸転航時代（1906年）の旅館の引札（裏）
(出所) 外務省外交史料館史料 (3.8.2.41)「布哇移民関係雑件」。

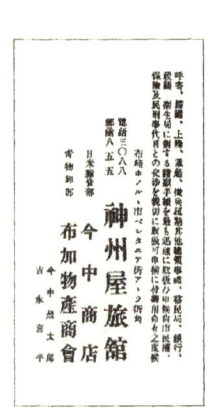

(出所) 村崎並太郎編『最新布哇案内』(布哇案内社、1920年)。

第7章　日本人旅館の変遷

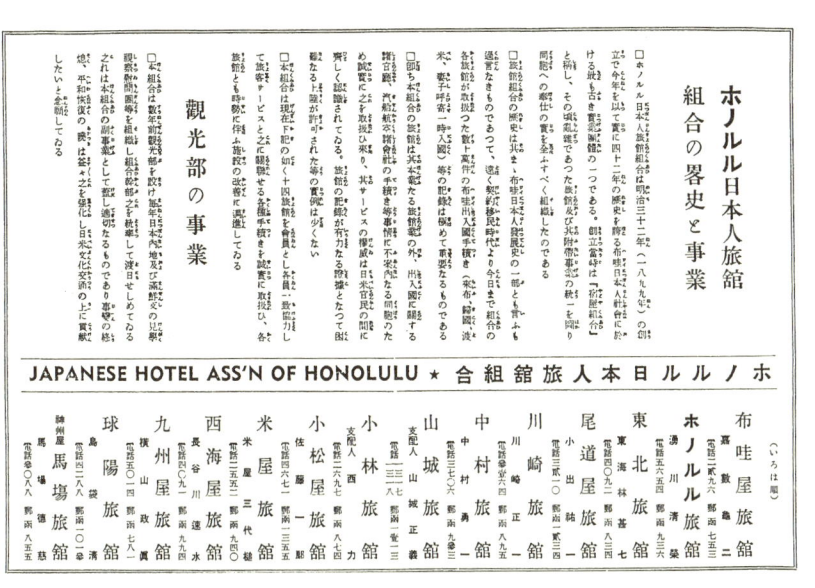

ホノルル日本人旅館組合の畧史と事業

□ホノルル日本人旅館組合は明治三十二年（一八九九年）の創立で今年以て実に四十二年の歴史を誇る布哇日本人社会に於ける数有る実業団体の一つである。創立当時より「旅館組合」と称し、その組織は当時布哇に於ける邦人経営旅館の殆ど全部を網羅したのである

□旅館組合の歴史は其の儘、布哇日本人移民史の一部とも言える程のものであって、遠く契約移民時代より今日まで組合の過ぎ来たものであり、其の間に日米出入国手続き代弁（取扱、顧問）渡米歓迎、一時入国、帰り荷造扱ひ等の便宜を図り布哇日本人民間に於ける各種繁華もの手続きの代弁をなし其の實績の挙ったことは日米官民の間に周知認識されている。

□組合は現在下の如く十四軒あり、米国屈指のホノルルは其の実情を知る観光都市として賑を呈しているが尚諸種のサービスとさに観光を主眼とする諸施策手続き及諸機関に敬遂しつ、諸種奏請の手続き代理を兼ねて諸種の便宜を図っている。其のサービスの稀有は日米官民の間に誉しく認識されている。

観光部の事業

□本組合は数年前観光部を設け各年日本から各種観察視察團體などを組織し組合都で設けその時にはつねに本組合員の旅館を宿泊場所として主張し通訳はつねに本組合都の設通が選任せしめ渡日せしめてるそれに本和服装の為、慣れぬ人に喜ばれ日米文化交流の上に貢献したいと念願してるる

JAPANESE HOTEL ASS'N OF HONOLULU ★ 合組館旅人本日ルルノホ

（いろは順）

布哇屋旅館	電話二八九六	郵函六五三	高數町
ホノルル旅館	電話五五六五一	郵函一二三六	深川桑海
東北旅館	電話五二五一		
尾道屋旅館	電話三二二		
川崎旅館	電話三〇六		
中村旅館	電話三六 支配人中村勇		
山城屋旅館	支配人山城正		
小林旅館	電話二六四		
小松屋旅館	電話五九四七		
米屋旅館	支配人佐川水三代		
西海屋旅館	電話四六一 長谷川達		
九州旅館	電話四六一 山根政吉		
球陽旅館	論州屋		
馬場旅館	電話二八 郵函一〇四 馬場〇八八		

（出所）日布時事編輯局『日布時事布哇年鑑』（日布時事社、1941年）。

KOMATSUYA TRAVEL AGENCY
491 N. King St., Honolulu, T. H.　Tel. 59551
Authorized Agents for
American President Lines　Northwest Airlines
Pan American World Airways　Philippine Air Lines
Japan Air Lines　Hawaiian Airlines
United Air Lines　TPA Aloha Airlines
American Express Co.

KOBAYASHI HOTEL & TRAVEL SERVICE
P. O. BOX 874　Phones 62377 - 62378
250 N. Beretania St., Honolulu, Hawaii
Cable Address: KOBAYATEL - HONOLULU

小松屋ホテル
小松屋旅行案内社
ホノルル市　電話五九五一
佐藤維千代

日本、米大陸、布哇各島、南米、世界各地への御旅行には、弊社から直接預け切符と賃切符を発賞して御便利を計ります
諸官署の手続、書類の公證、送金手形発行
チェッキ、エキスプレストラベラース
公認代理店

アメリカン・プレジデント航空会社
ノースウエスト航空会社
パンアメリカン・ワールド・エアウエイ
ハワイアン航空会社
フィリッピン航空会社
日本航空会社
ユナイテッド航空会社
T.P.A.アロハ航空会社
アメリカン・エキスプレス・カンパニー

小林ホテル
小林旅行案内所
日本航空會社
パン・アメリカン航空會社
指定 ホテル
ホノルル市北ベレタニア街二五〇
創立明治二十五年一月（一八九二年）日本、米國訪問の手續、切符發行ホノルルで最古の歴史を持ち且最新式の設備
電話六二三七七・六二三七八
郵函八七四
館主　小林金衞
支配人　小林七郎力
　小林鎰吉
内田ヨシ子

（出所）布哇タイムス編『ハワイ事情　1954年版』（布哇タイムス社、1954年）。

（出所）布哇タイムス編『ハワイ事情 1964年版』（布哇タイムス社、1964年）。

（出所）布哇タイムス編『ハワイ事情 1964年版』（布哇タイムス社、1964年）。

第8章
日本人館府（キャンプ）

　ホノルルには日本人の館府（キャンプ）と呼ばれるものがあった。いわゆる長屋、貸家（貸ルーム）である。第2次大戦中のよくいわれる日本人収容所のことではない。英語では Tenement（借地・借家）と表記されている。リンドは「1930年代に25位の日本人キャンプが市内に散在し、そこでは日系人がほとんどの人口を占めていた。独特の建物として湯屋〔銭湯〕、寺院、神社、日本語学校、相撲の土俵、喫茶店があり、日本人の環境や雰囲気を維持するのを助けていた。殊に移民世代にとってはこの都市での生活に適応する間に役立った。リバー街、カカアコ、マッカリーやモイリリ地域、あるいは他のもう少し小さな集住地で日本人住民やその文化の主要な中心地を認めることはかなり容易である[1]」と述べている。しかし管見では、日本人の館府について具体的に言及した書物や論文は従来みられなかったのではないかと考える。本章では当時の地図や個人の回想録、そして日本人年鑑の住所録、また日本語新聞の記事などを手がかりに日本人館府の実態について可能なかぎり明らかにしたい。なお、引用文中に差別的な語句が含まれているが、そのまま表記した。

1．武居熱血『ホノル丶繁昌記』にみるキャンプ・貸ルームの分布

　表8-1および図8-1、8-2は1911年に発行された標記の書物に記されている「キャンプ幷に貸ルーム所在地」の一覧表に通し番号を付し、『最新布哇案内』（1920年）の「ホノルル市全図」でおよその位置を示したものである。

表8-1 キャンプ并に貸ルーム所在地（1911年頃）

①住田キャンプ	キング街パラマ、エスラムレーンに入る左側にあり
②藤井キャンプ	キング街パラマ、エスラムレーンに入り左側
③吉井キャンプ	キング街パラマ、ロベロレーン
④貸ルーム	キング街パラマ高木道具店上側よりザウゼレーンに入る左側
⑤久本キャンプ	リ、ハ街ベニヤード街エワ側入り口にあり
⑥旧名玉川キャンプ	リ、ハ街とククイ街角運動公園後側
⑦サンバシキャンプ	キング街パラマ、島崎商店向側に入口あり
⑧貸ルーム	キング街パラマ、加藤商店横手に入口あり
⑨貸ルーム	キング街パラマ、出雲大社前左右にあり
⑩貸ルーム	キング街停車場前藤井商店後側にあり
⑪貸ルーム	ア、ラレーン、九州屋旅館後側にあり
⑫旧名牧野キャンプ	イビリーロード鳳梨会社近く
⑬貸ルーム	キング街ア、ラ公園前長尾呉服店後側にあり
⑭貸ルーム	ケカウリケ街西村旅館後側にあり
⑮大ハウス	カカアコ、サウス街とハレカウイラ街角
⑯長ハウス	クイン街とサウス街角、マグンハウス俗に日本人は長ハウスと云ふ此所に日本人の商店あり
⑰貸ルーム	持主今井商店主、キング街アラパイ突当り今井商店後ろにあり
⑱貸ルーム	キング街アラパイ角後側にあり
⑲大内キャンプ	キング街パウアー、ケヤモク街とブナホー街の間にあり
⑳堀田キャンプ	キング街ブナホー街の手前
㉑吉田キャンプ	ワイキ、サラトガロードにあり
㉒松本キャンプ	モイリ、グランド角
㉓同	モイリ、日本人学校近く
㉔中本キャンプ	モイリ、中本商店主持主中本商店の後側にあり
㉕貸ルーム	モイリ、町左右両街の後に数ヶ所あり
㉖新キャンプ并星野キャンプ	ベレタニア街ケヤモク街近く
㉗木割場キャンプ	キナウ街ピイコイ街とケアモク街の間にあり
㉘大江キャンプ	ベレタニア街ピイコイ街角より山手に入るキナウ街の間にあり
㉙二宮キャンプ	ベレタニア街ペンサコラ街角にあり
㉚貸ルーム	エンマ街一木口入所二階一面
㉛三宅キャンプ	フホート街三宅持主三宅商店後側
㉜アロハハウス	フホート街ククイ街とベニヤード街の間にあり
㉝貸ルーム	フホート街本願寺別院入口前支那人店の後側にあり
㉞河本キャンプ	河本外一名持主、ククイ街リバー街近く
㉟岸本キャンプ	前河本キャンプ後側にあり
㊱古田キャンプ	ベレタニア街領事館エワ側後にあり
㊲藤田キャンプ	ククイレーン、ヌアヌ街より少し入る左側
㊳松本キャンプ	ベレタニア街新公園前建物の二階
㊴旧漢城旅館	パウアヒ街細井の二階一面并に倉平商店の二階一面
㊵貸ルーム	パウアヒ街とホテル街の間マウナケア街西山商店の後側
㊶貸ルーム	マウナケア街藤井洋服店の後側并に店向き二階
㊷貸ルーム	マウナケア街小坂菓子店側の二階一面并に後側にあり

㊸貸ルーム	ヌアヌ街松田洋服店側二階一面	
㊹貸ルーム	ベレタニア街プロストサルーンの後側にあり	
㊺星田キャンプ	ベレタニア街プロストサルーン側より入る少し左側にあり	
㊻貸ルーム	プロストサルーン側より入りビショップレーンに出る間左右側にあり	
㊼貸ルーム	川崎旅館リバー街の後側にあり	
㊽川崎キャンプ	ククイ街ア、ラレーン後側	
㊾高野キャンプ	リバー街サンライスサルーン後側幷に前通り二階一面	
㊿貸ルーム	米屋旅館リバー街とパウアヒ街角二階一面	
51貸ルーム	リバー街岩根洋服店後側にあり幷に前通り二階一面	

(注)「日本人所有の貸家幷に白人、支那人にして日本人の居住し居る貸ルームの所在地」を示す。
(出所) 武居熱血『ホノル、繁昌記』(本重眞壽堂、1911年)。

なお、マキキ地方にあるキャンプについては「マキ、地方に於る日本人」と題して以下のような詳しい説明がみられる。

　マキ、地方はホノル、市内に於て最も白人の住宅多き地にして従って同胞の之等白人の家内労働に従事するもの又最も多く其数数千人に上る今此の地方に於る同胞の重に居住し居るキャンプを示さば如左。
　二宮キャンプ　二宮商店主の所有にしてベレタニア街とペンサコラ街の角にあり同胞在住者男女合して約七八拾名茲にも商店としては雑貨店、飯屋、玉場、理髪店等ありて万事便利なり。
　大江キャンプ　俗にパケイキャンプと云ふ大江氏の所有にして此所にも六七拾名の同胞住居し又商店も数軒あり。
　木割場キャンプ　茲にも雑貨店、飯屋、理髪店等ありて便利なり同胞の住居するもの男女小児合して約弐百名。
　新キャンプ幷に星野キャンプ　此所にも料理店、時計店、飯屋、玉場、雑貨店等ありて便利なり在住同胞男女小児合して約三百名。

この地図でみられるキャンプの分布の特徴としては、当時日本人の中心地であったダウンタウンに密集し、東はモイリリ地区やマキキ地区で、キング街とベレタニア街の傍らにみられ、ダウンタウンの東にあるカカアコにも存在し、西はパラマ地区までである。キング街など主要街路から入るレーンと呼ばれる小路や道路沿いに多く、貸ルームの場合はとくに商店・旅館の後側

図8-1　ホノルル市内のキャンプ・貸ルーム所在地
(注) 地図中の番号は表8-1中の記号と一致。
(出所) 村崎並太郎編『最新布哇案内』(布哇案内社、1920年)

あるいは2階に多いことがわかる。

　なお、⑨・⑩・⑪・⑬・㊾・㊿・㊿の貸ルームの詳細な場所については、第2章の図2-1・図2-2を参照のこと。同じく⑯については第6章の図6-2を、㉒〜㉕については第3章の図3-1を参照。

2．『布哇日本人年鑑（第拾回）』の「在布日本人々名録」にみるキャンプとその居住者

　『布哇日本人年鑑（第八回）』(1910年)の「在布日本人々名録」に登場するキャンプ名は、表8-2の⑫牧野、㊱古田、㊽川崎、㊾高野のほかにキング小

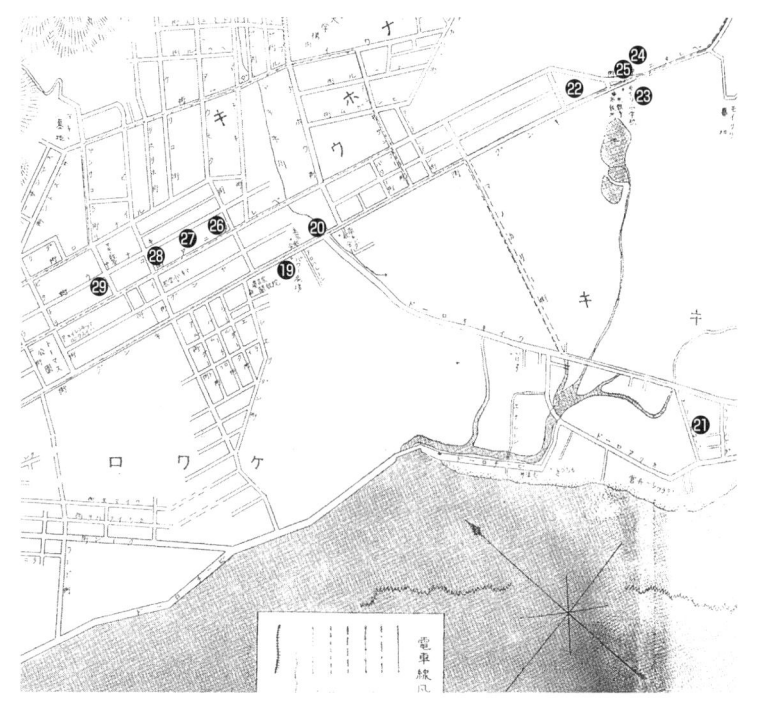

図8-2 ホノルル市内のキャンプ・貸ルーム所在地（続き）
(注) 地図中の番号は表8-1中の記号と一致。
(出所) 村崎並太郎編『最新布哇案内』(布哇案内社、1920年)

林キャンプ、パラマ重田キャンプにすぎない。この時はまだ萌芽期といえよう。

本節では1912年に発刊された標記の人名録を利用し、ホノルル在住者の住所で館府（キャンプ）および旅館名が記されている人物を拾い出し、旅館・キャンプごとに整理したのが以下の表8-2である。所在地と旅館・キャンプ名および住人の数は①・②……で表し、住人の職業・出身県を個々に示して氏名は省略した。

なおはキャンプの持主と思われる人物も同じ人名録から探して氏名・職業・出身県の順で示した。当然、不明のものは記されていない。

1912年当時いくつかの旅館でも住人がみられるが、これは第7章で東北

旅館主の東海林甚七の回想記にもあったように、旅館が客室用のほかに下宿人用の部屋を有し、そこから労働者が働きに出ていたものと思われる。旅館はいずれも港の近くアアラ公園の近くにあり、住人はほとんどが旅館の経営者と同じ出身県であることがわかる。
　キャンプについては、表8－1（図8－1、8－2）と共通しているのは、松本・木割（場）・新・星田・川崎・桟橋（サンバシ）キャンプ位である。表8－1に比べ、とくにパラマ方面のキャンプの多いことが注目され、西はさらにカリヒまで伸びている。カリヒ方面については、前節で取り上げた武居熱血の『ホノル、繁昌記』に「カリヒ地方に於る日本人」なる紹介文がある。

　　カリヒ地方に於る同胞在住者は<u>山根商店所在地を中心として</u>、東はカメハメハ学校より西はボンミール肥料会社付近迄に其数約五百名にして、従事する職業を大略すれば、雑貨店三、洋服店一、理髪店一、玉場一、其外養豚家、野菜屋、労働者である。又日本人学校も設立して、児童教育も完整して居る。去れば現在の繁昌を見ても、今後此の地方に於る同胞の勢力発展は窺ふに足るべし。（句読点・下線は筆者）

　文中の山根商店（写真8－4参照）の山根宇一については、この地区の有名人でいくつかの人名鑑に登場するので、そのうちの一つを次に紹介しておく。

山根宇一
　　原籍　山口県熊毛郡東荷村。現住所　ホノルル市北キング街二二九五番地。
　　明治二〔1869〕年七月二十五日出生、同二十九〔1896〕年五月十日自由移民として加奈陀経由ホノルルに上陸。クック学校を創立し、其生徒になり英語をも習得。其後苦学力行、明治三十四年五月カリヒの現場所に食料品並雑貨品を開業し、同時にヌアヌ教会内に高等簿記学校を起して簿記法を修得した。其後土地家屋其他不動産に投資して発展し、アアラ市場株式会社、布哇水産漁業会社其他各方面に関係して重席を占めた。現在山根商会主として日本語教育、宗教の方面にも多大なる貢献をなしている。[2]（句点筆

第8章 日本人館府（キャンプ）

表8-2　1912年頃の館府・旅館居住者

旅館・キャンプ	持主	人数・職業・出身県
モイリ、松本キャンプ	松本菊三郎　布哇バラスト会社長　福岡	①布哇バラスト雇人・佐賀
マキ、木割キャンプ		①白人コック・熊本
ベレタニア街新キャンプ		①白人ウエター・山口　②料理店主・山口
ベレタニア街星田キャンプ		①鍛冶職・広島　②コック・広島
スクール街市川館府	市川幸槌　ステーブル持主　山口	①石灰製造所雇・山口
スクール街下西キャンプ	下西大吉　煙火製造並に貸室主　広島	①家庭労働・広島
ベレタニア街小林旅館裏	小林金次郎　小林旅館主　広島	①日本式庭園師・広島
キング街停車場前神州屋旅館内	今中幾太郎　神州屋旅館主　広島	①建築請負業・広島
ア、ラレン九州屋内	永田清　九州屋旅館主　熊本	①布哇製麺会社職工・熊本
リ、ハ福岡屋内	間宮七蔵　福岡屋旅館主　福岡	①講道館柔道師・福岡
パラマ小松屋内	佐藤好助　小松旅館主　山口	①停車場大工・福岡　②電気按摩鍼灸・福岡
ク、イ街川崎館府（キャンプ）	川崎喜代藏　旅館主　山口	①土木建築請負業・広島　②布哇紙会社日本人係・広島　③セメント師・広島　④金銀細工・山口　⑤医院薬局生・沖縄　⑥布哇新報社員・山口　⑦ウエター・広島　⑧洋服裁縫業・山口　⑨大工・広島　⑩プラム建築請負業・山口
パラマ石崎キャンプ	石崎岩蔵　建築請負並に貸家業　山口	①エワ桟橋事務所雇人・熊本　②鳳梨会社雇・広島
パラマ橋本館府（キャンプ）		①大工・山口　②時間桟橋員・熊本　③建築請負師・山口　④セメン(ト)師・広島　⑤肥料会社雇人・山口　⑥帆船員・石川　⑦建築請負師・山口
パラマ角谷館府（キャンプ）	角谷寅吉　貸屋持主　山口	①白人オートモビル掛・青森　②白人家庭労働・山梨　③サンライス曹達水会社員・山口　④鳳梨会社雇人・山口　⑤駅者・山口　⑥白人病院コック・山梨　⑦鳳梨製造所雇・山口
パラマ小林キャンプ	小林喜三郎　建築受負業　山口	①鉄道会社職工長・山口
パラマ野中キャンプ	野中等　ハネス（馬具）商店主　熊本	①家庭奉公・熊本　②鉄道会社大工・熊本
パラマ桟橋キャンプ		①停車場掃除・熊本　②造船工・山口
パラマ浦竹館府（キャンプ）		①家庭労働・熊本　②パイプ職・熊本　③白人雇人・熊本　④家庭労働・熊本　⑤生命保険員並に獣医・熊本　⑥ポイ製造所販売部

167

		員・山口 ⑦ロビンソン日本人係・山口 ⑧獣医・熊本 ⑨大工・山口 ⑩大工・熊本 ⑪帽子製造業・宮城 ⑫商業・熊本 ⑬力士・熊本 ⑭時間桟橋員・熊本 ⑮珈琲事業・熊本 ⑯鳳梨会社雇・熊本 ⑰セキセン・熊本 ⑱大工・熊本 ⑲石工・熊本 ⑳家庭労働・熊本 ㉑駁者・熊本
パラマ吉井キャンプ		①桶工・広島 ②荷馬車業・岡山 ③家庭労働・山口
パラマ吉本館府（キャンプ）		①鳳梨会社雇員・東京 ②肥料会社ルナ・熊本 ③水管師・岡山 ④自動車係・広島 ⑤鳳梨会社雇・広島 ⑥家庭労働・広島 ⑦家庭労働・山口 ⑧オイル商会雇・熊本 ⑨鳳梨製造所雇・山口 ⑩洗濯業・兵庫 ⑪コック・山口
カリヒ中平キャンプ	中平乙市　貸室業　広島	①鳳梨会社雇・広島 ②建築受負業・広島 ③鳳梨会社雇・福岡 ④鳳梨会社雇・広島 ⑤鳳梨会社雇・新潟 ⑥デーモン公園係・広島 ⑦鳳梨会社雇・広島 ⑧肥料会社雇・山口
カリヒ山根キャンプ	山根宇市　食料雑貨商店主　山口	①鳳梨会社雇・沖縄 ②鳳梨会社雇・広島 ③鳳梨会社機関師・山口 ④家庭労働・熊本 ⑤肥料会社雇・熊本 ⑥肥料会社雇・福岡

（出所）『布哇日本人年鑑』（布哇新報社、1912年）。

者）

　さて、表8-2でみられるキャンプの住人の職業は雑多であるが、白人のコック、ウエイター、家庭労働や大工、建築請負、会社雇人などが目立つ。パラマ・カリヒ地区のキャンプでは鳳梨会社雇（パイナップル）が多く、この地域にある会社へ働きに出ていたことが知れる。とくに中平キャンプの場合ほとんどがそうである。

　出身県については、多くの住人のいるキャンプでは様々な県の者が住む場合（例えばパラマ吉本キャンプ、カリヒ山根キャンプ）もあるが、一つの県の出身者が多数を占める傾向がみられる（例えばパラマ浦竹キャンプの熊本、カリヒ中平キャンプの広島、パラマ橋本キャンプ、同じ角谷キャンプの山口）。持主との関係では吉本・浦竹・橋本キャンプの場合は不明であるが、中平・角谷キャンプなど持主の出身県が判明するキャンプは旅館の場合と同様に、同県出

身者同士の結びつきが考えられる。

　ちなみに『布哇日本人年鑑（第拾弐回）』(1915年)の「在布日本人々名簿」によると、浦竹および橋本キャンプの持主と思われる人物は、それぞれ「浦竹寅八　貸室業　パラマダウセットレン　熊本」、「橋本平作　貸室業　パラマデシャレーン　熊本」とあり、浦竹キャンプの場合、持主と住人の多くが同県同士であることが判明する。なお同年の住所録に登場するキャンプのうち表8-1と同じものは⑤久本、⑲大内、⑳堀田、㉒松本、㉕新、㉖星野、㉗木割場、㉘大江、㉟河本、㊺星田、㊽川崎で、表8-2で新しく登場するキャンプと同じのは浦竹のほか、石崎、小林、吉本、中平など主にパラマ地方のキャンプである。まったく新しいのがモイリリ白木、ベレタニア宮尾[3]、南キング田中、南キング米本、アラパイ街今井、フォート街木下、ベニヤード街富永、ベニヤード第二、パラマ坂井、パラマ末田の各キャンプでモイリリからアラパイにかけての南キングやベレタニア街のキャンプが目立つ。

3．芳賀武『ハワイ移民の証言』にみるキャンプの風景

　芳賀武は大正6（1917）年18歳の時に山梨県からハワイに渡航し、ホノルルの石崎キャンプに住んでいた。その当時のキャンプの様子が標記の書物に詳しく述べられているので次に引用する。

　石崎長屋の風景
　　私たちの住んでいる大きな長屋、石崎キャンプは実に騒々しい。こういう長屋をキャンプというのも可笑しな話だが、しかし、これは砂糖耕地から伝わった言葉で、このように日本人が密集して住んでいる所を耕地ではキャンプと言っていた。それで町に来てもたくさんの人が密集している所を、キャンプと言うようになったのであろう。この石崎キャンプは、キング街とベレタニア街が鋭角に合する所から直角に北に向かって入る小路の突き当たった所に出雲大社ハワイ分社があるが、その左側にある木造二階建て、白ペンキ塗りの古びた大きなコの字なりの長屋である。石崎という人が所有しているのである。一階と二階を何十かに分けて、それぞれ四畳

半と六畳ぐらいの部屋が一組になっている共同住宅である。入居者は主に夫婦者、あるいは子供を二、三人持った者である。そのうちの二、三戸は独身者が共同で借りているが、我々もその中の一組で、二階の角に住んでいた。我々は皆、独身者で我々親子二人に、谷口、稲木という四十恰好の独身の男二人を加えた四人だ。

　四人で住んでいるといっても、互いに、独身者で、朝仕事に行っては、夜帰ってきて寝るだけで、荷物も大して持っていない。ただ、私たち親子が大きなトランクと、それに鞄を幾つか持っているのが精々で、他には谷口も稲木もただ、小さな鞄を一つずつもっているだけである。

　この長屋には、まだ電気が入っていないので、我々は石油の置きランプを使っている。コの字なりの真ん中に四角の家が建っていて、これが共同炊事場、便所、洗濯場等で、一階と二階と別々に使えるようになっていたが、二階の共同炊事場は東西から橋が掛かっていた。何十という世帯が住んでいると同時に、子供も何十人か加わっているので、朝から夜寝るまで騒々しい。

　独身者の我々は別に炊事をするわけでもなく、朝仕事の途中でコーヒー・ショップか飯屋で朝飯を食べて、帰りがけに同じように夕食を食べて来るので、騒々しくする仲間には入っていない。住んでいるのは日本の各地から来た移民で、すでにハワイに十年以上も居て、日本から写真結婚で妻を迎えて子供が生まれた者たちだが、子供はみな幼いので、それらが長屋の一階から二階をドシドシ追っかけ回して遊び歩く。「うるさい！」と叱りつけなければならないこともある。[4)]

　石崎キャンプはパラマ地区にあり、ホノルルの中心地であるダウンタウンのフォート街やパラマ地区について同書では、次のように述べられている。

　ホノルルは人口五万人ぐらいで、町の中心は港から真っすぐに東の山の端までつきぬけたフォート街で、これにはいわゆる本当のアメリカ人の経営する会社、銀行、商店などが軒を並べて整然としてある。これを南北に長いキング街がつきぬけて、フォート街とキング街の十字路は、この町の

第8章 日本人館府（キャンプ）

最も繁華な所だ。この中心を離れて中国人の雑貨商、食料品店、その他さまざまの小さい店があるが、日本人の小ぎれいな店もその中に点在している。

　日本人の一番多く住んでいるのはベレタニア街で、比較的こざっぱりした町だ。そのベレタニア街を北に走って、キング街と鋭角に交差したあたりから北がパラマ地区といって、貧民層に属する日本人、中国人、朝鮮人、フィリピン人、プエルトリコ人等が雑然とひしめき合って住んでいる。家などもアメリカ人商店街を離れた地区の家は、みな木造板張り白ペンキ塗りで、道なども舗装されていない所が多く、また歩道も完全に整備されていない[5]。

　なお、前節の表8-2で住人の職業のうち（時間）桟橋員というのがみられたが、港に近い地区にあった職業で、芳賀自身も当時この仕事に就いていた。同書に「桟橋人夫」という項目で次のように説明している。

　その頃、ハワイの桟橋労働者は主にハワイ人、日本人、朝鮮人等であったが、それに若干の白人が加わっていた。それぞれのグループに親分がいて、人夫を集めては各桟橋に配置するのである。日本人の親分は水崎という男で、これが桟橋会社から使用されて、長いことこの親分の職にある。彼はかなり多数の日本人を自分の配下において、自分の好いた者は比較的楽な部署につかせて、よい給金を取らせていた。しかし、私たちのように急に仕事をくれと言ってくる者は、たいがい、石炭積みにまわされた[6]。

　文中の水崎は同じ頃の『布哇日本人年鑑』（1916年）の人名録では「水崎寅之助　時間桟橋監督　パラマ　福岡」と出ている。第1章のエスニック別の職業構成によれば、1910年で沖仲士・荷揚げ人足は全体で663人のうち、ハワイ人437人、日本人99人（表1-2）、1920年では同じく全体で1473人のうち、ハワイ人635人、日本人362人（表1-3）、1930年になると全体で969人のうち、ハワイ人372人、日本人277人（表1-4）で、いずれもハワイ人に次いで多く、その割合も次第に高くなっている。この仕事は、日本人に対

171

しては重要な役割を果たしたようである。

4．『日布時事』の「地方巡廻記」にみる1922年のキャンプの様相

　ハワイの日本語新聞である『日布時事』の1922年9月上旬から11月下旬にかけて「地方訪問記」（途中から「地方巡廻記」）という記事が連載された。オアフ島における日本人集住地をめぐるシリーズであるが、そのうち、ホノルルについてはワイキキから始まって、モイリリ、その東のカイムキ、さらにマノア、マキキ、アラパイ、カカアコ、カリヒ、パラマ地方の日本人商店や居住者についてくわしく報告している。このうちモイリリとマノアについての記事は、別の章ですでに引用したが、ここではマキキからパラマにおける館府（キャンプ）に関する記事を拾い出して次に紹介する（網掛けはキャンプ名やその所有者。下線や〔　〕内も筆者）。なお、中心地であるダウンタウン辺りについては、その記事がみられないのは残念である。

① **マキキ地方**
　　マキキ及びパワー一帯に在住する同胞は五千八百名と唱へられている。
　〔中略〕
　　堀田館府には、高藤自転車店、沖村道具店、緒方オートサプライ、堀田裁縫店、裏には宮原、片山、上田、富田、石田、沖本、森重、堀田、澤井、末永、多田、平井、その他四五名居る。それからアロハ館府には〔10名の名前省略〕の諸氏。此のキャンプは現在桑原氏が一人で譲り受けて居るのである。
　　今日迄アナハレーンと呼ばれていた此のレーンは本年六月限りアナハの手を離れ、区画的に同胞の手に入ったが、今度は本年七月より十ヶ年間のリースである。地所はビショップのものである。又現在同胞家屋の造作が夥しい。後藤氏のアロハレーンが延長された訳で、アナハがアロハに代ったのである。〔中略〕
　　アロハレーンには、真宗教会があり竹田、戸嶋の両開教師が居る。美人湯屋の裏には石崎キャンプがある。其所には〔12名の名前省略〕の諸氏が

第8章　日本人舘府（キャンプ）

陣を取り日本人協会の為に尽力している。

　南キング、セリダン街に入れば真言宗別院がある。〔中略〕
　其所には都合十七軒の家屋が前後に於て建築されている。之れは有村矢之助氏所有の貸家で静かな涼しさうな所である。先ず此所に在住している同胞の姓を挙げて見ると、〔31名の名前省略〕の諸氏が在住し、タウンの商店に出勤するもの、白人家庭奉公に行く者、大工あり、ペンタ職あり、学生あり色々の階級の人が住んでいる。
　此の地所はマグーン氏の支配役をしているといふので同氏よりリース権を譲り受け、前記有村氏が経営しているのである。
　南キング有村キャンプより道側に於て福田政助氏の家屋が都合十軒あるが、此所には福田氏を初め今田、益山、富永、竹田、岡本、福本、木田の諸氏がいる。これらの人々は奉公に行ったり、ミルク屋に働く者、又大工さんも居る、外人二三人居るといふことである。地所はワタハウス氏のもので福田氏は十五ヶ年のリースで家屋を建築したのである。〔中略〕
　セリダン街の同胞商店は半田商店、濱本商店、理髪店、大塚商店の四軒、それぞれ地方向きに和洋食料品雑貨を販売し又地方同胞に便利を与えている所から皆繁栄している。ミルク屋右側裏には味村キャンプがある。〔中略〕広島県人が多数在住しているらしく〔殊に味村氏は広島県人〕言語の統一にも現れている所が感じられた。姓を掲げると〔29名の名前省略〕の諸氏。
　味村キャンプは、自分で土地を買収し而してカ〔コ〕テージを建てて居ると云ふ。其所には約百名在住している。多くはミルク屋に就働し、タウンへ出る人もあり、奉公に行く人もあり、大工仕事に従事している人もあると云ふ。〔中略〕
　その奥には山田キャンプがある。其所には〔6名の名前省略〕といふ人達が住んでいる。
　ヤング街にては〔中略〕藤井キャンプに到れば藤井が三名、吉本、渡瀬、釘屋平田の諸氏が住んでいるが、地所は葡萄牙人よりリースして藤井氏が貸家を建てているのである。〔中略〕
　以前磯村キャンプと称されていた所は、目下楠原政太郎氏が買収してい

173

る。其所には〔6名の名前省略〕といふ諸氏が住まって家庭奉公に出ている。其の隣は支那人の家屋であるが同胞が間借りをしている。藤原、森岡其の他四五名。[10]

ベレタニア街に出てマキキ新キャンプに到れば、此所は同胞八九十名が在住してる。小さいブラ〔ロ〕ックに多数居るものだと調べて見ると、先づ一村商店、高藤自転車店、谷理髪店、田畑鋳掛屋の四商店、此の新キャンプは以前、的場、岩本の諸氏が持主であったのが銀行某の手に移り、それより現在はヌアヌ方面の白人家庭に奉公している高本といふ人の手に移り支配されている。〔中略〕このキャンプに居る人々の名をあげると、〔29名の名前省略〕の諸君がいる。此等の人々の多くは白人家庭奉公人である又日庸取や大工さんもいる。婦人方は洗濯をしたり、クックをしたりしているといふ。〔中略〕

ピーコイ街を上りキナウ街に出た。この角のキャンプをパケー、キャンプと名付けている。以前には大村氏の所有であったのが半田氏に買収され、只今は砥綿さんが掃除をしたり見廻っている。此所には大塩商店、龍野商店、熊谷理髪店の三軒に過ぎないが、キャンプに居る人は、〔10名の名前省略〕の諸君である。人口は老若男女合せて六十名位、辛抱人ばかりで昼は婦人達が洗濯をやり、火熨斗（ひのし）を押して家業に務めている。このキャンプに永住している人に二十年間も居るといふ位な人もいる。実以て古い家屋である。〔中略〕

キナウ街を右に行くと木割場キャンプがあって、アイランド洗濯所がある。〔中略〕此のキャンプも以前は小川氏の持ち主であったが、支那人アピウに売って現在ではアピウが持主となっている。裏のキャンプに居る人々は〔19名の名前省略〕の諸氏である。これ又家庭奉公人が多いとのことである。総人員が百余名であって子供も多数いる。昔は木割場キャンプと云へば有名であって随分賑やかな所であったが、世の変遷に従って段々と人間が真面目となり柔順（おとな）しくして家庭奉公或は洗濯といったやうな具合で遊んでいるやうな人は一人もないとのことである。[11]

この美しいベレタニア街の中頃に同胞の商店及び家屋がある。即ちペンサコラ街角二ノ宮キャンプである。二ノ宮氏は緒方氏に同所を譲り帰国中

であるが、緒方氏は自分の姓を取り其のまゝ、緒方商店と名告けた。オートサプライ店も設け自動車業者に便利を与へている。〔中略〕

裏のキャンプは、パワーの福田政助氏がリースをしているといふ、其のキャンプに在住している人々は〔13名の名前省略〕の全部で二十五名居る。[12]

この地方に登場するのは、堀田・アロハ・石崎・有村・味村・山田・藤井・磯村・マキキ新・パケー・木割場・二ノ宮の各キャンプである。このうち、堀田・マキキ新・パケー（大江）・二ノ宮キャンプは図8-2にもみられる比較的古いキャンプと思われ、マキキ新・木割場・味村など総勢人員100名程の大きなキャンプから25名程度の小さいキャンプまであった。住人の職業は白人家庭奉公が主で、大工、日雇いなどである。土地はハワイ人やポルトガル人の土地をリースしていたようである。なお記事中の大村は大江の誤りであろう。

なお、参考のために1923年頃のマキキ地方（パワー一帯）の地図を掲載する（図8-3）。キング街に面する地域で、カラカウア街からシェリダン街まで、なかにアロハレーンが通っている。地図中に堀田館府（189頁の写真8-3参照）、アロハ館府（クワハラ）、福田館府、さらに真宗教会、パワー劇場、緒方サービスステーションなどがみられる。

② **アラパイ・カカアコ地方**

アラパイ元祖として知られている小林幸次郎氏は今井商店と共同で十五年リースで土人所有の土地〔現在地〕に於て全部七軒の家屋を有し其の家屋には三四十名居る〔15名の名前省略〕赤其の隣の長谷川、大元、大井、板野、浅野の五氏が共同で同じく十五ヶ年のリースで借家を有している。〔中略〕

裏館府　アラパイにはウオン、ヨン、キャンプがある。之れは元住田、中村の両氏が持主であったが昨年右の支那人に譲り渡したのである。[13]

マグーン長屋　カカアコ、マグーン氏の長ハウスである。以前には長屋生活をしている者が多数あったけれど現在では店屋ばかりで住んでいる人はない。同胞の生活が向上したのか或は皆金持ちになったのか、二階を調

べて見ても土人ばかりであって同胞は唯二名きりであった。店屋を調べると中川増太郎氏所有の村田道具店、桑原水店、えびす亭、村田水店、佐々木裁縫店、國廣洋食店、林理髪店、大前薬店、荒木水店、田中雑貨店、佐藤理髪店、苫井商店、新谷道具店、河本理髪店、猫田水店等である。クマラエ〔ロ〕ブラックには諏訪洗濯所一軒あるのみ。洋服の洗濯所として同地方の信用を受けて懸命にやっている。同長屋の裏通りはマミオン街であるが、此のマミオンと附けられた名の履歴を探ると老マグーン氏の愛娘にマミオンといふのがあった。可愛い儘に所有の土地を分け、廿五軒のカ〔コ〕テージを建築して「これをお前に全部与へるから、それに依ってお前は自由に生活して行け」と言ったのが、本人自らマミオン街と名附け、今日まで残っているのであると。

　全部で廿五軒の中、四軒には土人と葡國人が這入っている。廿一軒は同胞であって、名をあげると〔30名の名前省略〕の諸氏である[14]。

ここに登場するのは小林〔今井〕・裏・マグーンキャンプのみである。マグーンキャンプは図8-1中、⑯の長ハウスで、その詳しい場所は第6章のカカアコの地図（図6-2）中の浄土宗開教院の南側である。マグーンキャンプは昔に比べて少なくなり日本人わずか2名であるが、マミオンの方は21軒（家族）がいるとのことである。

③ カリヒ・パラマ地方

　カリヒ地方　**山根商店**の裏には、松本、中村、熊田、山田、坂本の諸氏が居り[15]〔中略〕。

　クイン街には藤井商店があり、鉄道線路の下側には**西原商店**がある。同店裏には、十五軒の家屋と一軒の長屋がある。これは西原所有の家屋で、同氏が土地を買収し、カ〔コ〕テージを建てている。其所の居住者は左の人々である。〔12名の名前省略〕此等の人々は大抵鳳梨罐詰会社に就働しているのである[16]。

カリヒ地方で名が挙がっているのは山根、西原商店のキャンプのみで、居

第 8 章　日本人館府（キャンプ）

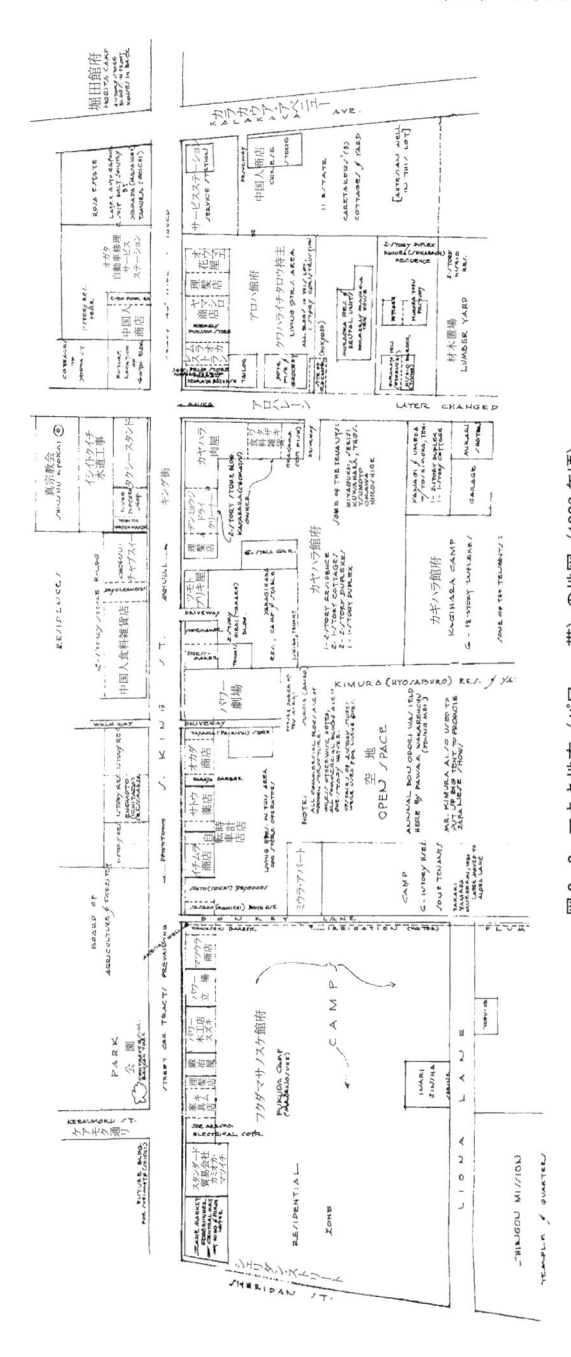

図 8-3　マキキ地方（パウアー一帯）の地図（1923 年頃）

(出所) Yoshiko Tatsuguchi and Lois A. Suzuki『Shinshu Kyokai Mission of Hawaii 1914-1984』1985 の付図による。

住者は近くの鳳梨罐詰会社で働く人々が多かったようである。

　パラマ地方　先づオールドレーンに入って見ると、左側に角田館府があって其所には同胞十二三名居る〔中略〕。

　ペターソンレーンには、先づ入口から嘉屋氏経営のボイ製造があり、其の前には平野庭園請負師の住宅がある。其の先に澤井館府がある。其所には〔7名の名前省略〕が居る。

　中倉末記館府　オースチンレーンの下側に元パラマ教会であった空家があるが、日中は不良青年の巣窟となっているといふ其の奥には元の角田館府があるが、現在は中倉、末記の両氏がリース権を持ち貸家を建てている其所に居る人々は、右の両氏を初め廿四五名の同胞が在住しその名は左の如し〔23名の名前省略〕。

　アサイラムロード　アサイラム、ロードに入りカノア街を通り此の付近に至ると家屋の建築が夥しいものである。主に所有者は支那人であると云ふ。〔中略〕

　住田氏所有の館府である。土地をリースし、而して同胞の住宅となっている。〔中略〕

　道路の曲り角より右に入ると、益田館府がある。同氏は九軒のカ〔コ〕テージを有し其所に居住の人々は左の諸氏〔14名の名前省略〕。

　ロベロレーンの各館府　パラマ日本語学校を辞去し最も手近な、元角田キャンプ――現在は田中、宮田の両氏が買収――を訪問、キャンプ係りの三浦氏を訪ふ。同キャンプは全部で三十五家族其の内一軒カテージが四棟、他は二軒住まいになっている。〔中略〕在住している同胞の数は約二百名以上に達しているといふ。

　吉本館府　其所を出で、隣の吉本キャンプに入る。吉本氏は「却々面倒なことでせうネ。此所はスナーク氏の土地で十五ヶ年のリースでありました。が最う二ヶ年五ヶ月となって永い事はありません。其の後ですか？私はリースを中止しようと思ひます。この七軒の家屋を修繕すると八千弗位要しますからネ。却々この儘では許可しません。私が此所へ来まして十ヶ年になりますが此のキャンプを建築した人は、重田元吉といへまして今

は亡くなりました。其の人から私が譲り受けたのです」と云ひながら十年以前の有様を思ひ起しながら記者に語った。

同氏の家屋は古いけれど、廿七家族が収容されている。子供も加へ全部で百名に達しているといふ。其の名は持主の吉本氏を初め〔23名の名前省略〕。

和田館府　ロベロレーンの曲り角には、井上商店があったが、現在は和田氏が譲り受け〔中略〕キャンプに五六十人も居るでせう。[19]

藤本館府　都合五六十名に達していると云ふ。藤本氏も矢張り地所をリースし十五ヶ年あるといふことである。

木村館府　木村館府は六軒である。其所に定住して居る人々は〔13名の名前省略〕此所にも子供が十三四人居るから都合四十名近く居る。同じく十五ヶ年のリースであると言ふ。

濱口館府　〔24名の名前省略〕此の土地は十ヵ年のリース。以前吉井爲蔵氏の所有家屋であったのであるが、本人帰国に就き全部濱口氏が譲り受けたのである。子供と全部で百名程居住している。〔中略〕

川本館府　川本館府に入ってみると古い二階建の家屋がある。これは廿年の昔に建てたものであると云っている。ルーム数が二十五個、廿四家族這入って居る。子供を廿四人加へると七十三名となる。〔中略〕此の地所は未だ十二ヵ年のリースがあると云ふ。尚ほ此の付近の在住者は総て、桟橋メン、大工、鳳梨会社労働者、家庭奉公人等である。[20]

住吉館府　住吉館府の入口には田ノ上商店がある。同館府在住者は次の如し。〔24名の名前省略〕尚田ノ上氏は、カリヒ三輪商店裏に家屋三軒、カカアコにも四五軒有して居るが、自分は毎日桟橋メンとして働き[21]〔中略〕

プア、レーン　プア、レーンを入り、右側には蒲永、木崎の両氏が居り少し先には山口洋服調達所がある。隣には清田、前には木村、戸井、森重書籍店の青木等が根拠を構えている。その先左側には住田キャンプがあり、[22]

ダウセットレーンの一帯　ダウセットレーンに入れば〔中略〕ダウセット自動車立場もあり、裏は筒井キャンプである。同キャンプは三十六軒ある姓名を掲げると左の如し〔29名の名前省略〕。

〔中略〕此のキャンプは廿年以前、浦竹氏の所有であったのを筒井氏が譲

り受けたのである。

　宮政キャンプには〔19名の名前省略〕の諸氏が定住している。裏にはセメント造りの家屋もあり都合九棟となっている。十五ヶ年のリースで、子供と全部で三十名程いる。其裏には福屋氏のキャンプがあったが、現在は児玉氏が譲り受け五ヶ年のリースで、三四ヶ月前より引受けたのである。此所には〔10名の名前省略〕の諸氏がいる。

　デシャレーン　佐原館府　元小林氏所有の家屋であったが、同氏帰国したるにつき、佐原氏が全部買収している。キャンプの模様は、前に大きな葉長松が植えられ、涼しいところである。〔中略〕全部で五十七八家族が定住しているが子供は余り多数いないといふことである。然し全体に亘って四五十名居る。

　佐原キャンプの裏、重田キャンプ　この小さな重田キャンプにも廿五六名いる。入口には果樹が鬱蒼として晝ま時、縞蚊がいるといふ所である。然し此の付近に居住してる同胞は総て穏当な順朴な人々ばかりで極めて平和な所である。

　デシャ、レーンは右と左に分かれている。右側を通ると其の奥には四軒の家屋が小流を境にして建てられてある。これは橋本氏リースの家であるが、周囲を眺めるに田舎情緒が湧いて来る。其所には〔13名の名前省略〕の十四家族が居るが子供は二十四五名で都合同胞全住者は五十四五名となる。〔中略〕橋本氏は以前十二ヶ年のリースで佐久間館府の一部分を分けて貰ったのであるといふ。

　この地一帯は全部佐久間房吉氏の所有の家屋であるが其所には二百に近き家族が住んでいる。〔中略〕

　之等の人々の住んでいる館府を巡廻して、其の生活の様子を考へると懐しいものがあった。それは如何に小さく汚くあっても家庭的に婦人達が集合して談話を交換している事、家屋の構造が田舎じみていること、周囲は殆んど草に蔽はれ小流れがあり、板橋が至る所にある事、大樹から大樹に吊るされてある糸に白い干し物がフワリフワリして日中幼年時児童の遊ぶ頭の上に揺るえている所は田舎の風情で懐かしいのである。〔中略〕

　瀬川館府　それより草途を越えて右側には、瀬川館府がある。瀬川氏は

モーダンベカリーに働いて、此所には土地と十軒の家屋をリースして儲けつつあると云ふ。其所に居住の人々は左の如し[25]〔10名の名前省略〕。

まず、ロベロレーンは図8-1、8-2でみられるようにキング街から海側にのびる路地で、「奥に日語学校あり、公立学校は近く、通学する児童には好適の住宅地で同胞は約七百名位在住している。其の間に土人家屋が五六軒あるに過ぎない」と、同じ紙面にも紹介され、多くのキャンプが存在した[26]。元角田キャンプ約200名、吉本・濱口キャンプ各100名程などである。

プアレーンはキング街から山側にのびる路地である。ここでは住田キャンプの名前だけが挙がっている。

ダウセットレーンもキング街から海側にのびる路地である。ロベロレーン同様、ここも持主が代わっている。

デシャレーンもキング街から山側にのびる路地である。この辺り、当時はホノルルの郊外でまだ田園風景が残り、何となく砂糖キビ耕地のキャンプを思い起こさせる雰囲気だったのだろう。なお、出雲大社附近もパラマ地方で石崎岩蔵氏所有家屋なども記載されているが、第6章でその記事を掲載したためここでは省略する。代わりに同紙面に、このパラマ地方に住む日本人がいかに多数に上るかについて述べているので、それを紹介しておく。

　　尚ほリリハ街よりアサイラムロード迄の上下に居住する同胞は一昨年の国勢調査の際に四千百廿二名と数へられているが、二ヶ年経過した今日は二千の増加をなし六千人と称へられパラマ全部に亘っては一万人以上に達して居るといふ事である。即ちホノルル市に於ける同胞数は現在三万人としているが其の約三分の一をパラマ地方は占めて居る訳である[27]。

5．キャンプの所有者

最後にキャンプの所有者について調べてみる。表8-1に登場するキャンプ・貸ルームの関係者と思われる者のうち、第2節で紹介した『布哇日本人年鑑（第拾回）』（1912年）の「在布日本人々名録」に出てくる人物を番号順

に掲載する（網掛けの人物はキャンプ名となっている人物）。

②藤井勝平　建築請負　キング街パラマリ、ハ街角　山口
⑤久本秀助　貸室業並に建築受負　リ、ハ街ベニヤード突当り　山口
⑧加藤きく　日米雑貨食料品商店主　パラマ　広島
⑩藤井慶助　食料雑貨店主　キング街停車場前　山口
⑫牧野清太郎　船員　イヴリー　山口
⑬長尾健一　呉服店主　キング街ア、ラ公園前　広島
⑭西村周助　旅館並に養蜂業　ケカウリケ街　山口
⑰今井馬吉　雑貨食料店　キング、アラパイ　広島
⑳堀田治助　貸家業　南キング街　山口
㉒・㉓・㊳松本菊三郎　布哇バラスト会社長　ベレタニア街　福岡
㉘大江宇三郎　洋食店主　ピーコイ街　山口
㉙二宮友助　食料雑貨商店主　ベレタニア街ペンサコラ角　広島
㉛三宅秀二　日米雑貨商店主　フォート街　岡山
㉟岸本百二　裁縫店主　ク、イレーン　岡山
㊴細井勇　葬式取扱所　スミス街パウアヒ角　高知
㊴倉本彦吉　建築請負並に金物雑貨店主　パウアヒ街スミス角　広島
㊵西山糸七　食料雑貨商店主　マウナケア街　山口
㊶藤井秋太　洋服裁縫店主　ベレタニア街マウナケア角　広島
㊷小坂喜七　貸室業並廣山堂菓子店主　マウナケア街　広島
㊸松田又平　洋服裁縫店主　ヌアヌ街　山口
㊼・㊽川崎喜代藏　旅館主　リバー街　山口
㊾米屋三代槌　米屋旅館主　リバー街　山口
㊿岩根米蔵　洋服裁縫店主　リバー街　熊本

　松本菊三郎と川崎喜代藏については表8-2中にでも記載されている。松本は第3章で紹介したが、布哇バラスト会社（採石業）の創業者で住所はベレタニア街の会社事務所のあった所になっているが、市内に4ヶ所の家屋を所有し、家賃も相当な額に及ぶとある。川崎も第7章で紹介したが、旅館の

ほかにキャンプも経営していたようである。キャンプはリバー街に引越す前の旅館の場所だったかもしれない。それ以外のキャンプ名となっている持主は、貸家業というのもみられるが食料雑貨商店主が比較的多い。貸ルームで名前が挙がっている人物もそうで、ダウンタウン辺りは裁縫店主が目立つ。出身県は23名中11名が山口県である。

次に、『布哇日本人年鑑（第拾回）』（1912年）の「在布日本人々名録」にでてくるキャンプの持主に関しては、すでに第2節で明らかにしたが、旅館主以外では貸室（家）業のみ、あるいは建築請負業との兼業が目立つ。出身はやはり山口県が多い。

さらに第4節の新聞記事に記載されたキャンプの持主と思われるに人物について『布哇日本人年鑑（第拾三回）』（1916年）および『同（第拾七回）』（1920年）の「在布日本人々名録」で調べると、以下のようであった。

1916年

　有村矢之助　大工　南キング街パアワア　鹿児島
　小林喜三郎　貸室建築請負業　パラマ、デシャレン　山口
　住田代藏　住田商店会計兼書記　プーアレーン　広島
　和田久吉　大工　ロベロレン　山口
　吉本佐市　貸室業　パラマロベロレン　山口

1920年

　堀田治助　貸家業並玉突店主　南キング街　山口
　桑原喜一　草花店主　南キング街パワー　山口
　石崎甚蔵　貸家業　南キング街　山口
　味村金十郎　貸家業　南キング街　山口
　高本幸太郎　コック　マキキ　山口
　小川豊次郎　貸家業　キナウ街　神奈川
　楠原政次郎　白人コック　ヤング街　三重
　小林幸次郎　理髪店主　キング街アラパイ　広島
　西原松次郎　日米雑貨商店主　カリヒ　山口

小林喜三郎　貸家業　デシャレーン　山口
吉本佐吉　貸家業　パラマ、ロベロレーン　山口
和田久吉　大工貸家業　ロベロレーン　山口
藤本鹿蔵　貸家業　パラマ、ロベロレーン　熊本
木村徳三郎　大工　ロベロレーン　広島
濱口松平　貸家業　パラマ、ロベロレーン　熊本
河本安兵衛　貸家業　キング街パラマ、ロベロレーン　山口
福谷芳太　大工　ダウセットレーン　山口
佐原大淳　ウエーター　デシャレーン　山口
佐久間房吉　貸家業　パカレーン　広島
瀬川善次郎　雑業　デシャレーン　千葉

　ここで両年度とも登場するのは、小林、和田、吉本（佐市と佐吉はおそらく同一人物）である。職業ではやはり貸家業と大工が目立つ。出身県は1920年の場合、20人中12人が山口である。これらのうち『布哇日本人銘鑑』(1927年)に登場する代表的な人物について最後に紹介しておこう。いずれの場合も、耕地で働いた後、ホノルルに出て様々な職に就きながら貸家を所有して成功したというのである。

　堀田治助氏　原籍地　山口県玖珂郡由宇村。
　官約移民として明治二十六〔1893〕年六月来布した氏は布哇島ヒロ、ワイナク耕地に働くこと二年半、其後ヒロに出で貸家業と馬車業を営むこと八九年にしてホノルルに移った、明治四十〔1907〕年日本に帰国して間もなく再渡布し爾来南キング街に貸家を購入して貸家業を創めた、氏の貸家は堀田館府としてホノルル人に熟知されてをる、大正十三〔1924〕年所有建物内に商店を開業して今日に至る、地方の古参者であって公共の事にも種々尽力したが大正十五〔1926〕年十二月病死した[28]。
　小林幸次郎氏　原籍地　広島県安佐郡山本村。
　氏は明治三十〔1897〕年一月、希望の眸を輝かして布哇に渡来した、上陸怱々移民会社との契約上オアフ島ヘイア耕地におくられ一介の労働者と

して甘蔗の間に働くこと二年、ホノルルに出府して米人家庭に勤務すること五年、其後理髪職を会得し、理髪店を開業して今日に及ぶ、氏はアラパイ地方に数軒の貸家を有する物質的成功者たるばかりでなくアラパイ地方人会幹部員として又た布哇日本人協会参事として地方や一般日本人社会の公共事業に参与し尽力する処大である、のみならずカカアコ日本語学校副学務委員長として教育事業にも関係してをる。[29]

佐久間房吉　原籍地　広島県安佐郡亀山村。

　明治三十〔1897〕年八月来布、ホノルルに上陸するや直ちに布哇島に赴き耕地に職を得たが間もなくホノルルに引返し明治三十一〔1898〕年オアフ鉄道会社のセクションメンとして就働した、職務に勤勉忠実な氏は忽ちセクションルナに挙げられ爾来今日に至るまで三十〔1897〕年一日の如く同会社に精勤し工夫監督として社内に重きをなしてをる、氏は鉄道会社に勤務する傍ら明治三十五〔1902〕年頃鳳梨事業に関係するも観る処ありてこれを中止し土地家屋に投資して尠なからざる資産を作りワイパレン、デシャレン其他に数十軒の貸家を所有しパラマ地方有数の成功者として知られてをる。[30]

6．おわりに

　ホノルルにおける日本人館府（キャンプ）は日本人が密集している所で、もともと砂糖キビ耕地のキャンプから伝わった言葉である。したがって、砂糖キビ耕地とさほど変わらない雰囲気を持っていたと思われる。とくに西部のパラマ地区はホノルルの近郊で、当時は田舎情緒も残っていたようである。ホノルルの日本人労働者は当初、旅館の下宿人用の部屋や商店の２階などの貸ルームなどに居住していたが、ホノルルへの流入人口の増加に伴い、日本人キャンプと呼ばれるものが発達していったと考えられる。多くのキャンプはキング街などの大通りからのびるレーンと呼ばれる路地に立地し、建物は、石崎キャンプのような木造２階建てや平屋の家屋が集まったものなどがあった。そこには日本人居住者が多くて200人以上、少ない所で20名程度まであった。子供も大勢いたようで、各地域における日本人同士の結びつきを強

めていった。住人の職業は、主に家庭奉公（家内労働）、大工、会社雇人、日雇労働で、キャンプが都市流入者の最初の基地の役割を果たした。その持主は、次々と変わることが多かった。初期の頃は商店主や建築請負人が比較的多く、次第に貸家業を名乗る者が増えていった。出身地では山口県が目立つ。第7章のような初期の旅館での下宿の頃は、住人は持主との関係で出身地とのつながりが比較的強かったが、次第に薄れていった。

　このような日本人キャンプも、日本人居住地の分散化とともに第2次大戦後、急激に消滅したと思われる。しかし2012年10月に北キング街から山側に少し入ったデシャレーンを訪れると、往時をしのばせる木造の2階建てアパートが今でも残っていた（188頁の写真8-1参照）のには少々驚いた。

【注】
1）　Andrew W. Lind, *Hawaii's People*, Univ. of Hawaii Press, 1955, p. 55.
2）　藤井秀五郎『大日本海外移住民史　第一編：布哇』（海外調査会、1937年）、下編27頁。
3）　持主は同年の住所録にみられる「宮尾岩次郎・建築受負兼貸室・モイリヽ・広島」と考えられ、彼については第3章の注19を参照。
4）　芳賀武『ハワイ移民の証言』（三一書房、1981年）、99-100頁。
5）　同上、33頁。
6）　同上、53頁。
7）　「マキキ及びパワー一帯」、『日布時事』7476号（1922年9月25日）。
8）　「セリダン街瞥見」、『日布時事』7477号（1922年9月26日）。
9）　「種々雑多の職業に従事する在留民」、『日布時事』7478号（1922年9月27日）。
10）　「マキキ地方雑観」、『日布時事』7479号（1922年9月28日）。
11）　「マキキ地方雑観（二）」、『日布時事』7480号（1922年9月29日）。
12）　「マキキ地方雑観（三）」、『日布時事』7481号（1922年9月30日）。
13）　「アラパイ地方（二）」、『日布時事』7485号（1922年10月4日）。
14）　「カカアコ地方」、『日布時事』7487号（1922年10月6日）。
15）　「近年著しく発展せるカリヒ地方（一）」、『日布時事』7493号（1922年10月12日）。
16）　「近年著しく発展せるカリヒ地方（三）」、『日布時事』7495号（1922年10月14日）。
17）　「パラマ地方（一）」、『日布時事』7498号（1922年10月17日）。
18）　「パラマ地方（二）」、『日布時事』7499号（1922年10月18日）。
19）　「館府巡り――パラマ地方同胞紹介（五）」、『日布時事』7502号（1922年10月21日）。
20）　「館府巡り――パラマ地方同胞紹介（六）」、『日布時事』7504号（1922年10月23日）。
21）　「パラマ地方紹介（七）」、『日布時事』7505号（1922年10月24日）。

22) 「パラマ地方紹介（八）」、『日布時事』7506 号（1922 年 10 月 25 日）。
23) 同前。
24) 「パラマ地方紹介（九）」、『日布時事』7507 号（1922 年 10 月 26 日）。
25) 「パラマ地方紹介（十）」、『日布時事』7508 号（1922 年 10 月 27 日）。
26) 「パラマ地方紹介（七）」、『日布時事』7505 号（1922 年 10 月 24 日）。
27) 「パラマ地方紹介（十四）」、『日布時事』7513 号（1922 年 11 月 2 日）。
28) 曽川政男『布哇日本人銘鑑』（同刊行会、1927 年）、52 頁。
29) 同上、292 頁。
30) 同上、324 頁。

写真 8-1　デシャレーン（Desha Lane）のアパート（左上のキングストリートに面した建物の裏側）
（撮影）2012 年 10 月原寛氏。

写真 8-2　リバー街の米屋アパート
（撮影）2012 年 10 月原寛氏。

第 8 章　日本人館府（キャンプ）

堀田館府

ホノルル・府南キング街

有名なるダイキロードの突当りにある安大なる建物は山口県熊毛郡田布施村字横町の人堀田治助氏の所有にして愛美丁飴の所有地に貸家を建て同胞の諸め料飯を供へつゝおりけんべ堀田キャンプと称す

写真 8-3　堀田館府
（出所）小野寺徳治ほか編『布哇日本人発展写真帖』（米倉彦五郎、1916 年）、和歌山市民図書蔵。

山根商店貸家の景

写真 8-4　山根商店
（出所）小野寺徳治ほか編『布哇日本人発展写真帖』（米倉彦五郎、1916 年）、和歌山市民図書蔵。

189

あとがき

　本書はホノルルにおける日系人のとくに第2次大戦前の様相について記したものである。ハワイにおける日系人は契約移民であった当初は主として砂糖キビ耕地の労働者として働いていたが、契約期間を終えた頃から移動が始まった。とくにハワイが1898年アメリカの領土になり、1900年に正式に属領となって、契約移民が廃止されてから耕地労働者の移動が自由になって以降、ホノルルなどの都市へ人口が集中し、日本人町が形成されていった。したがって本書で扱ったのは世紀転換期から1940年頃まで、とくに資料の豊富な1920年代から30年代を中心とする戦間期である。この期のホノルルの日系人は、人口では1940年度の場合は6万人でホノルル全体の約3分の1を占めており、最盛期といってよい。ホノルル市内にはいたる所に日系人がおり、さまざまな職業で日系人が活躍していたはずである。本書ではその一端を示すべく、代表的な日系人の集住地域であったアアラ地区、モイリリ地区、マノア地区を、また代表的な職業として漁業を取り上げてみた。そして日系人に対して重要な役割を果たした旅館と各地に存在した館府についてできるかぎり詳細に追跡してみた。これらの記述によりこの時期、ホノルルにいた日系人がどのような生活をしていたかが少しでも明らかになればと思っている。

　しかしこれらの日系人の集住地域や代表的な職業は残念ながら戦後になって急速に消えていった。現在ではその面影がほとんどみられない。居住地域の分散と後継者がいなかったことが主な要因と考えられる。これについての考察は本書では十分にできなかったので、今後の課題としたい。

　現在、多くの日本人観光客がホノルルを訪れる。しかし、戦前まで多くの日系人がそこで生活していたことを知っている人は少ない。リゾートホテルやコンドミニアムの多く集まるワイキキ地区のアラワイ運河を越えたすぐ山側のモイリリ地区に日本人町があった。チャイナタウンのすぐ傍らの今はガ

ランとしているアアラ公園の周辺が日本人街で、多くの商店や旅館、映画館があって賑わっていた。またイオラニ宮殿のすぐ近く、カワイアハオ教会の裏手のカカアコ地区に日系人漁業者が多数住んでいた。今は空地や倉庫などが集まっていて、そこに日系人がいたとは想像もつかない。

　本書はもとよりハワイにおける日系人の歴史地理の研究書を意図したものであるが、できるだけ理解しやすいように地図や表、さらには写真や広告も使って記述したつもりである。したがって研究者のみでなく、ハワイが好きで観光のみに飽き足らず、もう少しハワイの歴史を知りたい人にもぜひ読んでいただきたいと思う。できればワイキキからそう遠くない地域に昔日本人が集まって必死に生活していたことを実際に行って感じていただきたいのである。

　最後にお世話になった人達に感謝の言葉を述べて結びとしたい。前書と同様に今回も「大阪商業大学出版助成制度」を利用して出版が可能となった。許可していただいた谷岡一郎学長および片山隆男副学長そして2007年より毎年のように拙ないレポートの掲載を許して下さった商業史博物館をはじめ大学関係者に感謝いたします。また出版に際してお世話になった酒井敏行氏をはじめとするナカニシヤ出版、そして今回も面倒な地図の作成および写真の複写や現地での写真の撮影をしていただいた原寛氏にお礼申し上げます。史料や写真の利用については、ハワイ大学ハミルトン図書館、ハワイ日本文化センター、外務省外交史料館、国立国会図書館、和歌山市民図書館移民資料室、同志社大学学術情報センター・人文科学研究所、大阪商業大学図書館などにお世話になりました。また2000年度の1年間のハワイ大学客員研究員の後も毎年夏に暑い京都を避けてホノルルでの滞在を許してくれた家族やいつもホノルルでお世話になる皆さんに感謝の意を表します。

2013年2月

飯田耕二郎

◆資料◆ 『かむろ』にみる沖家室出身のホノルル在住者の動向

　A＝『かむろ』第2号（1915年1月）、B＝同第6号（1916年1月）、C＝同第21号（1919年1月）の本島人略表（人名録）に記載されたホノルル在住者の動向を示す。なお、［　］内は布哇新報社編『布哇日本人年鑑第十三回』（1916年）附録在布日本人々名録に名前が出ている人物で、Bと同年のため、参考のために掲げる。

ホノルヽ府在住者
A今宮仙太　市外エゾィーにて漁業だそうです。　B今宮仙太郎　漁業
A福田友治郎　同上、今夏ギャソリン船買入。　B同　ギャソリン漁業　［福田友二郎　魚業　イビリー］　C福田友二郎　漁業　ギャスリン　イリブー
A西村鹿三　同上、自分で船に乗っていられる。　B同　同上
A横山爲次　九月中旬より目を患ひて入院中の所十月中旬御全快の由、漁業。B同　漁業　［横山爲次郎　漁業　イビリー］　C横山爲蔵　漁業　ギャスリン　イブリー
A柳原彌助　漁業にしたがって居られます。

キング街橋側在住者
A港谷辰之助　ギャソリン船沖合船頭此の船は太平洋漁業会社附ださうです。B同　ギャソリン漁業　［同名　漁業　カカアコ］　C港谷勝五郎　漁業　ギャスリン船　カカアコ
A林亀吉　立派なる事業家の一人です。　B林亀太郎　漁業　［同名　漁業船長　カカアコ］　C林亀太郎　漁業　ギャスリン　ホテル街

キング街角ベレタニア街在住
A福田猪作　布哇漁業会社社員。住宅石崎キャンプ（出雲大社前）。　B同　漁業会社社員　［同名　布哇漁業会社社員　パラマ］　C同　会社員　漁業会社　パラマキング街

A石崎岩蔵　石崎キャンプの家主、中中盛大に候。請負業。　B同　請負業［同名　貸家業　キング街パラマ］　C同　借家業　カカアコ

A柳原爲蔵　カジヤ職を独立して居られる由。　B同　かじや業［同名　柳原蹄鐵工場主　キング街パラマ］　C同　鍛冶職　パラマキング街

A柳原治作　父を助けて居られるとの事。　B同　かじや業［同名　同工場内　同］　C同　鍛冶職

キング街カリヒ方面在住

A石崎政一　漁業　B同　漁業　C同　漁業　ギャスリン　カリヒ

A八木安太郎　漁業　B同　漁業［同名　魚業　カリヒ一五六一］　C同　漁業　カリヒ

ポンチボール下街およびハレカウラ街在住者

A松本政吉　御安着の由目出度存候。漁業開始。　B同　漁業［同名　漁業　カカアコ］　C同　漁業　ギャスリン　イブリー

A西村熊吉　ギャソリン船にて奮闘して居られる。細君の御逝去に御悔み申上候　B同　ギャソリン漁業［同名　西村旅館員　ケカウリケ街］

A西村百一　右父と共にあり、理髪職。　B同　理髪業　C同　雑業　カカアコ

A福谷源三郎　ワイアルアへ行き漁をなされる由。　B福田源三郎　漁業　C福田源次郎　漁業　ギャスリン　カカアコ

A大谷鶴吉　ギャソリン船をもって居られる。　B同ギャソリン漁業

サウス街およびハレカウラ街角在住

A柳原常吉　柳原商店主、郵凾七〇九。　B同　柳原商店主［柳原常助　雑貨店　ハレカウレ街カカアコ］　C柳原常助　商業　ハレカウラ

A吉谷重助　ズライバー職にて目下太平洋漁業会社の漁の方のかかりです。B古谷重助　会社［同名　川原商店員　カカアコ］　C古谷重助　川原商店員　カカアコ

A柳原良助　独立事業、氷及魚類運賃積み。　B同　運送業［同名　太平洋漁業会社員兼荷馬車業　カカアコ］　C同　漁業運搬業　カカアコ

A福田仙吉　氷庫の夜の仕事に従事。　B同　氷製造處　C同　運搬業　カカアコ

A北川政吉　漁業に従事、自分で船を所持。　B北川政五郎　漁業　［北川政五郎　漁業船長　カカアコ］　C北川政五郎　漁業　ギャスリン　カカアコ

A岩本浅吉　同上　B同　同　［岩本浅次郎　漁業船長　カカアコ］　C岩本浅五郎　漁業　ギャスリン　カカアコ

A松尾勇一　大工職にて至ってきうけよし。　B同　大工職　［同名　造船所主　カカアコ］　C同　大工職　カカアコ

A中田清次郎　ギャソリン船頭、布哇漁業会社に魚をあげる。　B同　ギャソリン漁業　［中田清一　造船所大工　カカアコ］　C中田清二郎　ギャスリン漁業

A林幸蔵　布哇漁業会社員　B同　漁業会社員

A青木万次　大工職　B同　大工業　［青木萬治　カカアコ造船所主　カカアコ］　C青木万治　大工職　カカアコ

A谷村辨四郎　漁業　B同　漁業　［同名　漁業　カカアコ］　C同　漁業　ギャスリン　カカアコ

A青木忠一　同上　B同　同　［青木忠次郎　漁業　カカアコ］　C同　漁業　ギャスリン　カカアコ

A柳原市之助　同上　B同　漁業　［柳原市太郎　漁業船長　カカアコ］　C柳原市之助　漁業　ギャスリン　カカアコ

A中田利吉　同上、家庭円満だそうです。　B中田クマ　無

A松野常吉　漁にでる。　B同　漁業　C同　漁業　ギャスリン

A柳原雪蔵　木村商会店員　B同　木村商会店員　［同名　木村酒店員　サウス街ハレカウイラ］　C同　木村商会員　カカアコ

A三国一　布哇漁業会社出勤

A叶山茂三郎　ギャスリンボート御所持の由。　B同　ギャスリン漁業　C同　漁業　ギャスリン　カカアコ

ハレカウラ街およびエンドポンチボール街およびキャベ街
A大谷松治郎　漁商をなす。　B同　漁商　［大谷松次郎　漁商　カカアコ］　C大谷松二郎　魚仲買商　ハレカウラ

A柳原久太郎　漁業　B松原久太郎　漁業　C松原久太郎　漁業　カカアコ

◆資料◆ 『かむろ』にみる沖家室出身のホノルル在住者の動向

A濱田榮助　サレ（佐連？）の人目下負傷入院中。
A柳原六助　漁業　B同　漁業　[同名　漁業　カカアコ]
A柳原新一　鍛屋職　B同　鍛屋業　C柳原眞一　鍛冶職兼自動車経営　ワヘヤワー

クイン街

A青木一二郎　同所にて独立独行の事業に従事致居られ候。　B同　そめもの業　[同名　洋服洗濯所主　クイン街]　C青木市次郎　染色商業ヒーナツ卸売　カカアコ
A青木八蔵　菓子車及びラムネ車にて営業致され候。　B青中八蔵　菓子屋業　C青木八蔵　菓子行商　クイン街
A川泊勘太郎　目下住所を知らぬと通信有之候。
A林佐次郎　氷車及び魚荷車職。　B同　荷車業　[林亀吉　車業　カカアコ]　C林亀吉（佐治郎氏の事）　漁業運搬業
A矢野亀太郎　右ヅライバー　B同　ヅライバー

マキキキャンプ

A石崎福太郎　魚仲買　B同　魚仲買、ホテル街　[同名　魚商　ホテル街]　C同　魚仲買商　ホテル街　郵函八九八
B福田清吉　漁業、サウス街　C同　漁業　ギャスリン
B柳原彌助　同、同上
B北村喜之助　船員、クイン街　C平川喜之助　漁業　ギャスリン
B青木亀蔵　商業　C同　漁業　ギャスリン　イブリー
B安本庄作　漁業　C同　漁類運搬業　ギャスリン
B青山熊治郎　漁業
C大谷兎三之助　兄（大谷松二郎）と同居。
C谷村丈一　谷村辨四郎令息
C林勇治　漁類運搬業
C柳原勝次郎　同上
C河村源蔵　漁業　ギャスリン　カカアコ　[河村源蔵　漁船々長　カカアコ]
C中田由松　1429－C　Fort Land

〈人名索引〉

あ行

相川寅吉　*135*
相川茂助　*132*
青木一二郎（一次郎）　*113, 117, 119*
青木亀蔵（亀三）　*113, 117, 121*
青木正一　*122*
青木忠一　*117*
青木八蔵　*113, 117, 120*
青木万次（萬治）　*113, 117, 121*
アリヨシ、ジョージ　*75*
飯川百蔵　*136*
池田嘉一　*47, 59*
石崎岩蔵　*112, 116, 181*
石崎政一　*112, 117*
石崎福太郎　*113, 117*
石本庄吉　*150*
伊豆野甚太郎　*128, 132*
泉寛一　*122*
井田寅蔵　*77, 79*
市川熊太郎　*128, 129, 132*
稲家徳次郎　*139*
井の下熊太郎　*136*
井ノ本宇太郎　*78, 79*
今中幾太郎　*136*
イワサキ・シゲト　*74-76*
岩崎重人　*78*
岩原倉太郎　*34*
岩本浅吉　*112, 117*
岩本仙市　*120*
岩本長四郎　*128, 132*
上里由明　*143, 149*
上田新吉　*93*
上野傳蔵　*78, 79*
上野巳之次　*78, 79*
上原正吉　*149*
魚住宇太郎　*136*
有働美則　*129, 132*
胡子信一　*46, 49, 51*
戎崎七右衛門　*122*

大久保長吉　*61, 79*
大角寅吉　*32, 38*
太田米蔵　*128, 132*
大谷兎三之助（宇佐之助）　*113, 117, 122*
大谷鶴吉　*117*
大谷松治郎（松次郎）　*100, 113, 114, 116, 119, 123*
大野盛雄　*108*
大濱太　*82, 83, 85*
岡田實　*122*
岡部學応　*118*
緒方数彦　*46, 49*
尾縣武治　*32, 37*
岡廣寛治　*30, 35*
岡部喜一　*80*
尾上久二　*31, 37*
オキムラ・コウイチ　*71*
沖村幸吉　*72, 81-83*
尾崎三七　*72*
小田純二　*50*
小那覇三郎　*146*
小野寺徳治　*145*

か行

鍵本治助　*95, 96*
影佐熊太郎　*46, 49, 56*
影佐司勝　*46, 49*
柏原喜八　*45, 51*
柏原清作　*92*
嘉数亀二　*149*
勝沼富蔵（富造）　*72, 82, 145*
嘉納治五郎　*150*
叶山茂三郎　*113, 120*
叶山勇一　*120*
亀本氏　*81, 82, 86*
嘉屋嘉一　*101*
川崎喜代蔵　*127-129, 132, 133, 143, 145, 182*
川泊勘太郎　*113, 117*

岸井彦七	34	竹下鶴彦	77, 80
岸本敏祐	128, 131	田子勝弥	94, 96
喜多鶴松	99, 101, 102	田坂、ジャック・Y	45, 132
北川政市	118, 121	田坂養吉	145
北川政吉	112	田中勇輔	46, 51, 61
木村彌三郎	128, 132	谷村丈一	100, 112, 124
国宗小佐次郎	47, 50, 59	谷村松右衛門	30, 36
小出寅吉	137, 145	谷村辨四郎	113, 117
小出祐一	137, 143	土山培雄	143
小島定吉	127, 128	堤千吾	46, 48
小林卯之助	128, 129, 131, 134, 151		
小林栄之助	46, 50	**な行**	
小林金衛	151, 152	中筋五郎吉	91, 92, 96, 98
小林金次郎	134, 143, 151	永田清	143
小林幸次郎	175, 183, 184	中田由松	114, 117, 120
小林政一	30, 35	中津柳太郎	37, 146
小林達吉	151, 153	中野秋太郎	78, 79, 82
小林彦次郎	78, 79	中藤長佐衛門	94
古明地利輔	31, 36	中村好太郎	47, 50, 59
		中村勇一	148, 150
さ行		中山市太郎	94
堺七蔵	147	西猪之作	78, 79
佐久間房吉	184, 185	西力	148, 151
坂本源次郎	85	錦田直太郎	128, 132
笹井鹿之助	135	西口正之助	56
佐藤好助	128, 132, 136, 137, 143	西田天香	150
佐藤太一	30, 35	西村亀太郎	91, 117
沢村作市	23	西村熊吉	112, 121
芝染太郎	92	西村鹿三（鹿蔵）	111, 117
島袋清	149	西村周助	128, 129, 132
秀徳源次郎	46, 48	野村喜平	58
東海林甚七	139, 143, 146, 166		
相賀安太郎	92, 144	**は行**	
空中光太郎	101	橋本萬槌	32, 38
		長谷助三	128
た行		畑貞之助	38
高木源太郎	129, 132, 136	濱田勘吾	150
高木末熊	143	濱村京一	136
貴田鶴松	95	林亀吉	112, 117
武居熱血	20, 31, 37, 52, 68, 161, 165	林かん	122

原本他市　　　130, 131
平野竹次郎　　　130, 132
福島初太郎　　　129, 132
福田清吉　　　117
福田善一　　　30, 35
福田仙吉　　　112, 117
福田タカコ　　　122
福田友治郎（友次郎）　111, 117, 120, 123
福田義勝　　　117, 119
藤井庄太郎　　　135
藤本七蔵　　　128, 132
布施寅三　　　136
船井清一　　　100
古谷嘉助　　　121
芳賀武　　　116, 137, 169
芳我日下　　　137
星出保治郎　　　135
堀田治助　　　183, 184

ま行

前田勘司　　　29, 35
牧野金三郎　　　72
松尾勇一　　　112, 117, 122
松野常吉　　　113, 117, 120
松原久太郎　　　117
松本菊太郎（菊三郎）　45, 47, 52, 182, 183
松本政吉　　　112, 117
間宮七蔵　　　136
丸一旅館　　　135
㊂旅館　　　135
三国一　　　108, 113, 114, 116
水崎寅之助　　　171
水谷竹紫　　　33, 150
水谷八重子　　　33, 150
水羽源三郎　　　128, 131
三田村敏行　　　92, 93
宮尾岩次郎　　　56
宮王勝良　　　24
宮里貞寛　　　149
村上末槌　　　135

村上仙太郎　　　78, 79
村本鉄蔵　　　78, 79
望月瀧三郎　　　143, 144
籾井安太郎　　　46, 48
森永千次郎　　　27, 34
森本孝　　　107, 116

や行

八木力一　　　120
安里永秀　　　149
安本喜代美　　　121
安本庄作　　　117
柳原久太郎　　　117
柳原新一（眞一）　113, 119
柳原爲蔵　　　112, 117, 119
柳原常吉　　　112, 116
柳原常助　　　117, 120
柳原雪蔵　　　113, 117, 121
柳原良助　　　112, 120
柳原六助　　　117
矢野熊太郎　　　80
山口七蔵　　　46, 48, 52
山下草園　　　146
山城松一　　　99
山城松太郎　　　92, 93, 99, 128, 129, 131, 134
山城徳助　　　146, 149
山田新太郎　　　56
山根宇一　　　166
山本荒太郎　　　98
山本政次郎　　　136
横山為次郎　　　117
横山爲次　　　111
米重芳太郎　　　81, 83, 85
与原岩六　　　46

わ行

若本由蔵　　　135
沸川清榮　　　149
脇坂招次　　　78, 79
渡邊宗吾郎　　　128, 132

〈事項索引〉

あ行

アアラ・マーケット　33, 93, 100–103, 169
アアラ連合　29, 39
味村キャンプ　173, 175
アラモアナ・ショッピングセンター　39
アロハキャンプ　175
石崎キャンプ　116, 169, 170, 175
石崎長屋　170
泉屋、泉旅館　129–131, 133
出雲大社　24, 181
出雲大社分院　115, 117
厳島神社　45
稲家旅館　139
井の下旅館　136
岩国屋　129
岩原商店　29
上里別館　143
上里旅館　143
宇品屋　134
裏キャンプ　175, 177
浦竹キャンプ　168
越後屋旅館　136
戎崎漁具店　101, 124
えびすや旅館　136
大江キャンプ　163
大島屋　128, 129, 132
大島薬店　25, 34
太田屋　132
Auto Stand（自動車立場）　23
沖家室島　100, 103, 107, 108, 116–118, 123, 124
沖家室村人会　123
尾道屋旅館、尾道屋ホテル　20, 23, 132, 133, 137, 138, 143, 145, 148, 149, 151

か行

加藤神社　23, 32
『かむろ』　107, 108, 124
川崎キャンプ　165, 168
川崎屋、川崎旅館　128–132, 135, 138, 143, 145, 148, 149, 151
漢城旅館　137
『官約日本移民ハワイ渡航五十年記念誌』　128
北マノア農業組合　77, 86
北マノア平和学園　77
館府（キャンプ）　23
菊屋　132
岸井商店　28
岸本旅館　131
九州屋旅館、九州旅館　20, 128–130, 133, 136, 138, 143
球陽旅館　149
共楽館　143, 150
木割場キャンプ　163, 165, 169, 174
熊本屋、熊本屋旅館　128–130, 132, 136, 138
藝州屋　131, 134
小出（尾道屋）　148
公園館　33
公園劇場　33
皇軍傷病兵慰問団　146
小林キャンプ　177
小林トラベル・サービス　152
小林旅館、小林ホテル　20, 27, 129, 131–133, 135, 138, 143, 148, 149, 151, 153
小松屋旅館、小松屋ホテル　131–133, 136, 137, 143, 148, 149
米屋三代槌　31, 129, 132, 134, 146, 182
米屋旅館、米屋ホテル　20, 31, 128, 130, 132, 133, 135, 138, 143, 146–149, 153

さ行

『最新正確布哇渡航案内』　130
『最新布哇案内』　67, 141, 161
桟橋（サンバシ）キャンプ　165

事項索引

自動車立場　23
東雲亭　49
浄土宗開教院　118
新キャンプ（マキキ新キャンプ）　163,
　165, 169, 174
神州屋旅館　20, 32, 131, 136, 138, 143
住田キャンプ　178, 179, 181
住田氏所有の館府　179
精々堂商店、精々堂薬品商会　32, 38,
　39
『増補改訂新布哇』　128, 132

た行

太平洋漁業会社　93, 94, 97, 99
太平洋漁業組合　95
大陸転航　135
タクシー・スタンド　19, 27
壇山亭　144
丹誠堂薬舗、丹誠堂商会　31, 39
「地方巡廻記」　172
「地方訪問記」　54, 80, 172
中国人墓地　86
中国屋（中国屋旅館）　128, 129, 132, 134
筑紫屋　136
角田キャンプ　178, 181
Tenements（借家、アパート）　23, 24
『殿上記念・洋上の光』　118
東北旅館、東北ホテル　133, 139, 140,
　143, 146, 148, 149, 153, 165
東洋館　131

な行

中津（商店）トランク店　31
中村旅館、中村ホテル　26, 147, 148, 151
新潟屋　129, 130, 132
新潟屋西村旅館　136
西海屋旅館　132, 138, 143
錦屋旅館　135
西原商店　177
西村旅館、西村屋旅館　132, 143

『日布時事』　54, 58, 80, 82, 92, 146, 172
『日布時事布哇年鑑』　85, 147, 149, 151
二宮キャンプ、二ノ宮キャンプ　163,
　175
日本館　33
日本劇場　33
日本式漁船（サンパン）　99, 100
日本人旅館組合　146

は行

バーシティ・シアター　47, 61
橋本キャンプ　168
畑商店　32
濱口キャンプ　179–181
原本旅館　131
ハワイアン・ホテル　131
『布哇紀行』　127
布哇漁業株式会社　92, 96, 100, 112,
『布哇実業案内』　51, 73
『布哇新報』　92
布哇水産会社　93, 96, 97
布哇水産漁業会社　166
ハワイ・ツナ・パッカーズ（布哇罐詰）
　会社　99, 101
『布哇同胞発展回顧誌』　56
布哇二世母国親善視察団　148
『布哇日本人写真帖』　80
『布哇日本人年鑑』　58, 73, 79, 100, 149,
　164, 169, 181–183
『布哇日本人銘鑑』　33, 47, 85, 98
ハワイ日本文化センター　61
『布哇年鑑』　24
ハワイ・バラスト社、布哇バラスト会社
　46, 48, 51
『布哇報知』　146, 149
布哇屋（布哇屋旅館）　128, 132, 146, 148,
　149
東マノア組合　85
東マノア日本語学校　77
ひかり　51
肥後屋旅館　128–130, 132, 136, 143

201

広島屋旅館　*128, 129, 132, 136*
FIRE INSURANCE MAP（火災保険地図）　*20, 24*
福岡屋旅館　*128–130, 132, 136*
米国国勢調査（U.S.Census）　*3*
『防長人士発展鑑』　*77, 117*
星田キャンプ　*165, 168*
堀田キャンプ　*169, 172, 175, 184*
ホノルル漁業会社　*94*
ホノルル座　*24, 27*
ホノルル水産救護会　*95*
ホノルル水産慈善会　*95, 96*
ホノルル・スタジアム　*47*
ホノルル日本人旅館　*149*
ホノルル日本人旅館組合　*149*
『ホノル、繁昌記』　*20, 52, 68, 161, 165*
ホノルル宿屋組合　*149*
ホノルル旅館　*149*
ホノルル旅館組合　*134, 139*
ポリネシアン・ホスピタリティ　*153*

ま行

マグーン長屋、マグーンキャンプ　*175, 177*
松本キャンプ　*165, 169*
マノア區會　*85*
マノア青年会　*85*
マノア日本語学校　*71, 86*
マノア平和学園　*75*
水羽屋　*128–131*
宮尾キャンプ　*169*
明治屋旅館　*135*
モアナホテル　*131*
モイリリ稲荷神社　*46*
モイリリ・クオリイ　*46*
モイリリ日本語学校　*46, 48–50, 56*
望月　*131*
望月倶楽部　*143, 144*

や行

宿屋組合　*128*
柳井屋　*129, 130, 136*
山一旅館　*136*
山城旅館、山城ホテル、山城屋　*20, 23, 26, 128–131, 133, 135, 138, 143, 148, 149*
山田理髪店　*56*
やまと新聞　*144*
山根商店　*166, 177*
ヤングホテル　*131*
吉野屋　*131, 134*
吉本キャンプ　*178, 181*

わ行

ワイオリ・ティー・ルーム　*86*

【著者紹介】

飯田耕二郎（いいだ・こうじろう）

大阪商業大学総合経営学部教授。1969 年、京都大学文学部卒業、1972 年、同大学院文学研究科修了。専攻＝人文地理学・日本人移民史。

［主要著作］『ハワイ日系人の歴史地理』（単著、ナカニシヤ出版、2003 年）

『在米日本人社会の黎明期』（共著、現代史料出版、1997 年）

『北米日本人キリスト教運動史』（共著、ＰＭＣ出版、1992 年）

『ハワイにおける日系人社会とキリスト教会の変遷』（編著、同志社大学人文科学研究所、1991 年）、他。

ホノルル日系人の歴史地理

2013 年 3 月 29 日　初版第 1 刷発行　（定価はカヴァーに表示してあります）

著　者　飯田耕二郎
発行者　中西健夫
発行所　株式会社ナカニシヤ出版
　　　　〒 606-8161 京都市左京区一乗寺木ノ本町 15 番地
　　　　　　　TEL 075-723-0111　FAX 075-723-0095
　　　　　　　http://www.nakanishiya.co.jp/

装幀＝白沢　正
印刷・製本＝創栄図書印刷
© K. Iida 2013 Printed in Japan.
※乱丁・落丁本はお取り替え致します。
ISBN978-4-7795-0745-8　　C3025

本書のコピー，スキャン，デジタル化等の無断複製は著作権法上での例外を除き禁じられています。本書を代行業者等の第三者に依頼してスキャンやデジタル化することは，たとえ個人や家庭内での利用であっても著作権法上認められておりません。

ハワイ日系人の歴史地理
飯田耕二郎 著

明治末期、ハワイに移住した日系人たちの織りなすドラマを克明に描く労作。人口変遷、居住地の分布、職業、出身地など、第二次世界大戦にいたるまでの日系人の生活が鮮やかによみがえる。　三一五〇円

観光空間の生産と地理的想像力
神田孝治 著

人は何を求めて旅をするのか。楽園、郷土、国家、恋愛、自由……。戦前から現代まで、わたしたちは「観光地」に何をみたのか。観光と空間イメージの相互作用を探究する。　二七三〇円

文化地理学ガイダンス
―あたりまえを読み解く三段活用―
中川 正・森 正人・神田孝治 著

疑問を学問に変える！　身近な文化・社会現象をとりあげ、分析・考察、その応用までを丁寧に解説。知識そのものではなく、知識をどう活かすか。地理学の面白さと使い方が身につく入門書。　二五二〇円

同化と他者化
―戦後沖縄の本土就職者たち―
岸 政彦 著

「もうひとつの復帰運動」である戦後の大規模な本土移動。だが彼らの多くは沖縄に帰郷していく。詳細な聞き取りと資料から「沖縄的アイデンティティ」とマイノリティのアイデンティティを探る。　三七八〇円

表示は二〇一三年三月現在の価格です。